A PROFISSÃO DO FUTURO

COMO ENTENDER AS PESSOAS

EDITORA CHAVE MESTRA®

Ficha técnica

EDITORA
CHAVE MESTRA®

Av. Marcos Penteado de Ulhoa Rodrigues, 1119 – Tamboré, Alphaville – SP,
Ed. Office Shopping Tamboré – Andar 21 – Sala Chave Mestra
CEP: 06460-040
@editorachavemestra
editora@editorachavemestra.com.br
Acesse: www.editorachavemestra.com.br

Título original em português:
A profissão do futuro: como entender as pessoas

Direção editorial: Raquel Medeiros
Coordenação editorial: Bartira Costa Neves
Assistência editorial: Eloiza Andrade, Larissa Robbi Ribeiro e Thais Moreno
Revisão: Gabriela Andrade e Tony R. de M. Rodrigues
Diagramação e projeto gráfico: Weslei Eugênio
***Branding* de capa:** Izzo Medeiros

Dados Internacionais de Catalogação na Publicação (CIP)

Vale, Rogério. (Organizador)

V149 A profissão do futuro: como entender as pessoas / Rogério Vale (org.) – Barueri, SP: Chave Mestra Editora, 2024. 264 p. : 16 x 23 cm

ISBN 978-65-5496-041-0

1. Desenvolvimento pessoal. 2. Autogestão. 3. Mindset. 4. Mudança de mentalidade. 5. Sucesso nos negócios. 6. Mentalidade de crescimento. I. Título.

CDD 158.1

A PROFISSÃO DO FUTURO

COMO ENTENDER AS PESSOAS

SUMÁRIO

APRESENTAÇÃO

Este livro, *A profissão do futuro*, é a soma de *insights*, conhecimentos e experiências de 32 profissionais notáveis. Cada autor apresenta sua perspectiva única, mas todos compartilham um objetivo comum: aprofundar-se no entendimento de pessoas e desvendar os caminhos para a (auto)liderança eficaz e da alta performance.

Este livro tem o desenvolvimento pessoal como propósito, visando a um bom autogerenciamento, à superação de crenças limitantes, ao desenvolvimento de talentos, à comunicação eficiente, para estimular os leitores a refletirem tanto sobre liderança quanto sobre desempenho individual e em equipe, incentivando-os a adotar práticas que não apenas elevem sua atuação e sua satisfação profissional, como também a dos grupos em que estejam inseridos.

A liderança, a autogestão e a atuação eficaz vão além da capacidade de inspirar outros. Envolvem a compreensão profunda de como gerir pessoas, processos e tecnologias para alcançar os melhores resultados percebidos por todos. Este livro aborda desde a construção de uma cultura de alto desempenho até a importância da resiliência, do *feedback* e adaptabilidade em tempos de mudança, focando uma mentalidade de mudança e crescimento e a construção de um ambiente mentalmente sadio, no qual as equipes estejam alinhadas e comprometidas com a visão de progresso focado no fator humano e na felicidade no trabalho.

Cada capítulo desta obra é uma fonte de conhecimento prático e oferece lições aprendidas por profissionais atuantes em diversos segmentos e com *expertise* em desenvolvimento humano. Os autores compartilham aqui seus sucessos e seus equívocos com honestidade, permitindo que os leitores tenham valiosos *insights* e descubram um pouco mais sobre "o profissional do futuro", sem que precisem passar pelos mesmos obstáculos. Este livro é um recurso para aqueles que desejam performar de maneira mais eficaz, promovendo um ambiente onde a inovação, a excelência e a satisfação no trabalho prosperam.

A missão de um bom gestor e desenvolvedor de pessoas, conforme revelam estas páginas, deve ser: desenvolver capacidades para enfrentar desafios complexos e manter a motivação, capacitar e incentivar indivíduos e equipes, e conduzir organizações a novos patamares de sucesso. A performance de uma equipe reflete diretamente a qualidade de sua liderança. Portanto, este livro enfatiza a importância de uma liderança que não é apenas focada em resultados, mas também no desenvolvimento humano e profissional contínuo.

A profissão do futuro não é uma coleção de teorias. Muito além disso, é uma coletânea de relatos práticos, voltados para a ação. Seja você um líder de um negócio inovador, um gestor em uma grande corporação, alguém que aspira a posições de liderança ou que almeja alto desempenho com percepção positiva, encontrará nestes textos uma fonte de conhecimento e inspiração.

Então, embarque nesta leitura com a mente e o coração abertos para aprender e desenvolver seu potencial para transformar realidades.

Aproveite a jornada!

Rogério Vale

CEO da Editora Chave Mestra

e do Instituto de Desenvolvimento Comportamental, Brasil e Portugal

EDITORA
CHAVE MESTRA®

ADRIANA NAKAMURA

Sou Adriana Pissarra Nakamura, filha de Yukitoshi e de Maria Celeste e esposa do Adilson. Nascida em São Paulo/SP, atualmente resido em Sorocaba/SP. Formada em Direito e pós-graduada em Direito Previdenciário, exerci a profissão por 26 anos. Nessa trajetória, formei-me em Constelações Familiares e Terapia do Renascimento. Atualmente sou palestrante, educadora, mentora, consteladora familiar sistêmica e renascedora.

Fundei o Núcleo de Conhecimento Anakam, voltado para o desenvolvimento humano e autoconhecimento, transformando vidas e famílias inteiras, trazendo a cura física e emocional. Cada caso é uma prova viva de que, quando nós nos abrimos para o poder da integração, o impossível começa a perder seu significado.

adrianapissarranakamura

+55 (15) 99120-0087

adrianapissarra17@gmail.com

A PROFISSÃO DO **FUTURO**

1

SUPERANDO CRENÇAS LIMITANTES

Por Adriana Nakamura

Imagine que você está dirigindo um carro com o freio de mão puxado. Por mais que acelere, o carro não atinge sua velocidade máxima.

As crenças limitantes funcionam da mesma maneira em nossas vidas. Elas são barreiras invisíveis que nos impedem de alcançarmos nosso verdadeiro potencial. Mas... e se eu lhe dissesse que é possível identificar e superar essas crenças? Neste capítulo, eu o(a) convido a explorar o que são crenças limitantes, como elas se formam no cérebro e como transformá-las em crenças potencializadoras.

O que são crenças limitantes?

Crenças limitantes são convicções distorcidas, enraizadas tão profundamente na mente que as aceitamos como verdadeiras; mas, na realidade, elas nos restringem de alguma forma. Elas podem ser conscientes ou inconscientes e frequentemente se manifestam em pensamentos como "Eu não sou bom o suficiente", "Eu não consigo" ou "Eu não posso". Elas surgem em várias áreas da vida, como por exemplo:

- na carreira: "Eu nunca serei promovido porque não sou inteligente o suficiente".
- nos relacionamentos: "Eu não mereço ser amada".
- na saúde: "Eu nunca vou conseguir perder peso".
- nas finanças: "Dinheiro é difícil de ganhar".

A origem das crenças limitantes

<u>A história de Ana</u>

Quando criança, Ana adorava desenhar. Um dia ela mostrou um desenho para sua professora que, na intenção de incentivá-la, disse: "Você precisa praticar mais para ser uma grande artista". Mas Ana assimilou esse fato de forma errada, negativa, com sentimento de derrota e vergonha.

Cada vez que ela tentava desenhar, lembrava-se da fala da professora e pensava: "Eu não sou boa o suficiente". Essa crença limitante acompanhou-a até a vida adulta, impedindo-a de seguir sua paixão pela arte.

A história de João

João cresceu em uma família em que o dinheiro era escasso. Seus pais frequentemente diziam: "Dinheiro não cresce em árvore" e "Nós nunca teremos o suficiente". Essas frases tornaram-se verdades absolutas para João. Mesmo com um bom emprego, ele sentia que o dinheiro era difícil de ganhar e que nunca teria o suficiente. Essa crença limitante afetou sua capacidade de gerenciar suas finanças e buscar oportunidades de crescimento.

A neurociência das crenças limitantes

Formação das crenças no cérebro

As crenças formam-se por meio de um processo chamado neuroplasticidade, que é a capacidade do cérebro de reorganizar suas conexões neuronais com base em experiências e aprendizados. Quando repetimos um pensamento ou comportamento, criamos e fortalecemos caminhos neurais específicos. Se esses pensamentos são negativos ou limitantes, tornam-se padrões automáticos.

Os três cérebros: reptiliano, límbico e neocórtex

Nosso cérebro é composto de três partes principais, cada uma com funções distintas que influenciam nossas crenças e nossos comportamentos:

1. Cérebro reptiliano: é a parte mais antiga do cérebro, responsável por funções básicas de sobrevivência como respiração, batimentos cardíacos e respostas instintivas. Ele reage rapidamente a ameaças percebidas, muitas vezes sem a intervenção consciente.

2. Cérebro límbico: também conhecido como cérebro emocional, é responsável por processar emoções e memórias. A amígdala, uma parte do sistema límbico, é crucial para a resposta ao medo e ao estresse. Experiências emocionais intensas podem criar crenças limitantes profundas.

3. Cérebro neocórtex: a parte mais recente e avançada do cérebro, responsável pelo pensamento racional, planejamento e tomada de decisões. É aqui que podemos **desafiar** e **reestruturar** nossas crenças limitantes, transformando-as em crenças potencializadoras.

O papel da amígdala e do hipocampo

A amígdala, uma pequena estrutura no cérebro, é responsável por processar emoções, especialmente o medo. Quando enfrentamos uma situação que percebemos como ameaçadora, a amígdala ativa uma resposta de luta ou fuga. O hipocampo, por outro lado, é responsável pela formação de novas memórias. Experiências negativas ou traumáticas podem levar a uma codificação errônea de memórias, reforçando crenças limitantes.

A repetição de pensamentos negativos pode fortalecer as conexões sinápticas associadas a esses pensamentos, tornando-os mais automáticos e difíceis de mudar. A prática de *mindfulness* pode ajudar a reduzir a atividade da amígdala, diminuindo a resposta ao medo e facilitando a reestruturação de crenças limitantes para potencializadoras.

<u>Transformando crenças limitantes em crenças potencializadoras</u>

Transformar crenças limitantes em potencializadoras é essencial para desbloquear nosso verdadeiro potencial e, especialmente, sairmos do ego e voltarmos para a essência. Crenças potencializadoras são convicções que nos capacitam e nos motivam a alcançar nossos objetivos. Elas nos ajudam a ver oportunidades nos obstáculos e a acreditar em nossas capacidades. Para criar as crenças potencializadoras também é preciso sentir. Sentir e mudar os sentimentos pela consciência e percepção de que o carro que dirigimos está com o freio de mão baixado. Sentir com o corpo, com as células, com o coração, com a alma, de que "Eu sou capaz", "Eu consigo", "Eu posso", "Eu mereço", "Eu sou digno(a)", "Eu reconheço meu valor", "Eu me amo", "Eu sou lindo(a)", "Eu sou feliz", "Eu sou amado(a)", "Eu me permito".

<u>Reestruturação cognitiva</u>

1. Identifique a crença: escolha uma crença limitante específica.

2. Desafie a crença: pergunte-se: "Essa crença é realmente verdadeira? Quais evidências eu tenho contra ela? Realmente foi 'sempre' ou 'nunca' "?

3. Substitua a crença: crie uma crença positiva e realista para substituir a antiga. Por exemplo, substitua "Eu não sou bom o suficiente" por "Eu sou capaz e mereço sucesso".

<u>Visualização positiva</u>

1. Imagine o sucesso: visualize-se alcançando seus objetivos e vivendo sem a crença limitante.

2. Sinta as emoções: concentre-se nas emoções positivas que essa visualização traz para seu corpo. Tem cor, cheiro, som, gosto, é quente, frio...?

3. Repita diariamente: faça essa visualização diariamente para reforçar a nova crença.

<u>*Mindfulness* e meditação</u>

Práticas de *mindfulness* e meditação são eficazes na redução da atividade da amígdala e no aumento da plasticidade cerebral, facilitando a mudança de crenças limitantes.

1. Meditação diária: reserve de 10 a 15 minutos por dia para meditar; foque a respiração e observe seus pensamentos sem qualquer julgamento.

2. *Mindfulness*: pratique estar presente no momento, no aqui e agora; observe seus pensamentos e emoções sem se deixar levar por eles.

Constelação familiar e renascimento

Essas ferramentas são utilizadas para alcançar a raiz das crenças limitantes e ajudar no caminho para torná-las potencializadoras.

A constelação familiar traz para o consciente padrões ocultos (inconscientes) que afetam nossas vidas. Ela nos permite ver como as dinâmicas familiares e ancestrais influenciam nossas crenças e nossos comportamentos de forma inconsciente.

O renascimento, também conhecido como *rebirthing*, é uma técnica de respiração consciente que, dentre outros benefícios, ajuda a liberar traumas e bloqueios emocionais. Ele permite que as pessoas se reconectem com suas emoções e memórias, promovendo a cura e a transformação.

As histórias deste capítulo foram resolvidas conforme segue.

A história de Ana

Ana decidiu participar de uma sessão de constelação familiar para entender a origem de sua crença limitante sobre sua capacidade artística. Ela se lembrou de que sua avó também tinha um talento artístico, mas foi desencorajada pela família a seguir sua paixão. Esse padrão foi transmitido inconscientemente para Ana. Ao reconhecer e honrar a história de sua avó, desvencilhando-se dessa lealdade familiar inconsciente, Ana conseguiu liberar a crença limitante e começou a explorar sua arte com confiança.

A história de João

João decidiu experimentar o renascimento para lidar com suas crenças limitantes sobre dinheiro. Durante uma sessão, ele acessou memórias de sua infância em que ouvia seus pais discutindo sobre dinheiro. Ele percebeu que havia internalizado o medo e a escassez de seus pais e mantinha, inconscientemente, o mesmo padrão de pensamento e vida. Por meio da respiração consciente, João conseguiu liberar essas emoções reprimidas e começou a cultivar uma nova mentalidade de abundância.

Identificando suas crenças limitantes

O primeiro passo para superar crenças limitantes é identificá-las. Aqui estão alguns exercícios práticos para ajudar nesse processo:

Exercício 1: diário de crenças

1. Reflexão: reserve um momento tranquilo e reflita sobre diferentes áreas da sua vida (carreira, relacionamentos, saúde, finanças etc.).

2. Escrita: anote todas as frases negativas ou limitantes que vierem à sua mente.

3. Análise: revise suas anotações e identifique padrões ou temas recorrentes.

Exercício 2: perguntas poderosas

1. Pergunte a si mesmo(a):

- "Qual é a minha opinião sobre minha capacidade de sucesso?"
- "Quais são os meus maiores medos?"
- "O que me impede de alcançar meus objetivos?"

2. Anote: escreva suas respostas e observe se há crenças limitantes subjacentes.

Exercício 3: afirmações positivas

1. Crie afirmações: escreva afirmações positivas que desafiem suas crenças limitantes.

2. Repita diariamente: leia essas afirmações em voz alta todos os dias, preferencialmente pela manhã e antes de dormir. Sinta no corpo como é afirmá-las como verdadeiras.

Exercício 4: lista de conquistas

1. Anote suas conquistas: faça uma lista de todas as suas conquistas, grandes e pequenas. Celebre-as.

2. Releia regularmente: releia essa lista sempre que sentir que uma crença limitante está surgindo. Lembre-se da emoção que sentiu ao superá-la e reforce-a.

Conclusão

Superar crenças limitantes é um processo contínuo que exige autoconhecimento e prática. Ao identificar e desafiar essas crenças, você abre caminho para uma vida mais rica e satisfatória. Somos alquimistas de nós mesmos. Lembre-se de que você tem o poder de reescrever suas próprias crenças e criar a realidade que deseja. Com as ferramentas certas, você pode transformar sua mente e sua vida. Superar as crenças limitantes é a oportunidade de ter uma nova forma de viver a vida.

"Somos alquimistas de nós mesmos. Lembre-se de que você tem o poder de reescrever suas próprias crenças e criar a realidade que deseja."

Adriana Nakamura

ALAISE MATOS

Sou Alaise Matos, natural de Londrina/PR, resido em Aracaju/SE. Mãe de Alan Jones, Priscilla e Ane Luíse e avó de Leonardo, Maria Luísa e Maria Antonela.

Sou palestrante, *Master* em Programação Neurolinguística, *Master Coach* integral sistêmica, terapeuta de Germânica Heilkunde, mentora, escritora, especialista no desenvolvimento da base do ser humano e advogada de Direito Sucessório.

A minha história é minha real importância. Entendi que me capacitar depende mais da maneira que vivo do que aprendo. Suportar minhas dores levou-me a saber o que quero, como a decisão de romper os limites sem o ruído da ilusão, conectando-me com meu eu interior, ampliando discernimento do propósito, servindo ao próximo com a minha vivência e autenticidade.

alaisematos

+55 (79) 99125-2504

alaisematosautoamor@gmail.com

A PROFISSÃO DO **FUTURO**

GERENCIANDO A SI MESMO(A) E ESTABELECENDO SUAS PRIORIDADES

Por Alaise Matos

Este capítulo é sobre uma das maiores lições que aprendi com as adversidades da vida: você só pode planejar e colocar em ação a sua jornada de alcance do seu querer quando aprende a conhecer e a aceitar a si mesmo(a). Porque, quando você não se conhece, não há o acolhimento, portanto, você não existe nem para você nem para o mundo. Como chegar à excelência sem ser o gestor de si? Você é a base de qualquer criação, enfim, tudo parte de você.

Quando você mensura as coisas, estas dão lugar às avaliações e aos cálculos, dessa forma, você vislumbra as possibilidades. Planejar é a sua bússola para nortear qualquer coisa, por mais insignificante que essa situação pareça ser. Se você não fizer um planejamento diário das suas tarefas, como trabalho, descanso, horas na sua residência e lazer, corre o risco de não aproveitar o tempo corretamente e esquecer de cuidar de você. O lazer é essencial para o ser humano; no entanto, o ócio é prejudicial, porque você deixa o cuidado de si para segundo plano e, dessa forma, compromete a sua evolução, podendo até tornar o ócio um hábito automatizado. Quando não há planejamento, você faz o que é de costume, executando o que é mais fácil, repetindo várias e várias vezes, esquivando-se dos desafios e deixando passar as oportunidades.

"Em seu coração, o homem planeja o seu caminho, mas o Senhor determina seus passos" (Provérbios 16:9). Você deve buscar a sabedoria e orientação divina em suas decisões e planejamentos.

Vamos lá, reflita: você possui qualidades, crenças limitantes, modo de pensar, temperamento, modo de agir e reagir, que são únicos, que podem vir tanto da sua essência como do ambiente ao qual está inserido(a) e da vida no curso do seu desenvolvimento. Se não tem a consciência de "como você é" e a relevância que isso tem para administrar-se de acordo com o seu tempo, não saberá "o quê", "como" e "quando" administrar, deixando a mecanicidade que ocorre na sua vida presente na sua rotina, que se traduz pela soma de hábitos e reações automáticas, sustentando-se por si mesmos, criando limitações por vezes a muitas áreas da sua vida.

Está percebendo o quanto é supremo se conhecer, se entender e se aceitar para conseguir gerenciar a si mesmo(a)? Somente assim será capaz de criar um planejamento sabendo qual ambiente irá favorecê-lo(a), qual disciplina irá manter a constância, quais pessoas deverão ser agregadas no processo. O que adianta elaborar um planejamento que não irá se conectar com seus valores e com o seu modo de viver?

Como tudo na vida, é necessário viver o processo contínuo de evolução, que exige: obter o "saber" vivenciando-o para ter autenticidade do "conhecimento", organizar utilizando ferramentas como agendas ou listas de tarefas, ter disciplina para iniciar com pequenos passos e ir aumentando gradativamente para se sentir seguro(a) à medida que os desafios forem surgindo. "Querer" é o impulso necessário para tomar decisões sobre todos os aspectos da sua vida, fazendo acontecer, e é preciso ter em mente que a vida é movimento com altos e baixos. A estratégia é dedicar-se ao máximo no presente, a fim de estar qualificado(a) para ingressar no seu futuro, porque ele é sua recompensa e não sua garantia. O foco no objetivo não se altera, porém a maneira de caminhar no seu percurso deve ser alterada sempre que for necessário.

Reflita: o tempo não irá aguardar o seu momento perfeito, ele é altamente deteriorável, dissipando-se a cada segundo. Ou você usa o tempo, ou ele simplesmente passa por você. O que você deixou de fazer hoje não conseguirá nunca mais recuperar amanhã. O tempo passa se estiver fazendo algo ou não. Então, não existe gerenciamento do tempo e, sim, gerenciar a si mesmo para se adequar ao tempo que possui. Pense a respeito.

Na vida não há treinamento, tudo que nela acontece faz parte da evolução. Contribuir a si mesmo(a) é estimulante, direcione esse momento para responder a estas perguntas: Quais são seus pontos fortes mais valiosos e seus pontos fracos mais perigosos? Como você trabalha e aprende com o próximo? Que valores pessoais você mais aprecia? E em que tipo de ambiente profissional pode dar sua melhor contribuição? Depois desta reflexão, compreenderá o que é mais importante, entendendo como estabelecer suas prioridades. Certamente somente com autoamor utilizará suas potencialidades, permitindo atingir a sua verdadeira e duradoura excelência.

As perguntas agitam a mente, fazendo buscas nas histórias internas, trazendo possibilidades, alternativas de solução, elementos fundamentais para lidar com os desafios que estão por vir. Quer gerenciar a si mesmo ou deixar as adversidades gerenciá-lo(a)? Como administra sua energia e emoção? Tem noção da sua real disponibilidade de tempo? Sabe estabelecer a ordem das suas prioridades? Faz alguma coisa que o(a) ajuda a ter disciplina?

Depois de buscar sua percepção para um melhor entendimento, observe a vida; ela coloca tarefas para agregar e potencializar o seu grau de evolução. Então, analise a si mesmo. Como você se respeita? Você sabe olhar para seu passado e retirar o melhor sem dramatizar? Sabe vivenciar o seu presente? Reflete sobre a mínima coisa que lhe acontece? Sem esse conhecimento, como irá saber passar para o papel o seu sonho, como irá aproveitar as oportunidades que as adversidades lhe proporcionam? Após essa reflexão, apresento uma pergunta-chave: O que precisa fazer para que daqui a três anos possa dizer que suas adversidades foram as melhores coisas que poderiam ter lhe acontecido? A sua resposta ressignificará a ansiedade para a criatividade, a decepção para a empolgação, a culpa para o aprendizado e a zona de conforto para a ação determinada. Isso é transformar a adversidade em oportunidade.

Sua mente é sua melhor amiga, como também a sua pior inimiga. Você alimenta sua mente com vibração positiva e a treina para focar e absorver o lado positivo de tudo, remetendo ao bem-estar. Ou você alimenta sua mente com vibrações negativas e focando o lado negativo do próximo em primeiro lugar, tornando-a sua pior inimiga, remetendo ao mal-estar.

A capacidade de gerenciar a si mesmo(a) de forma eficaz é essencial para alcançar metas, superar desafios e manter o equilíbrio. Os extremos atraem-se fortemente, por exemplo, há dias em que se está extremamente alegre, e outros, em que do nada se está extremamente triste. O equilíbrio tem como estratégia a constância e o ato de surpreender.

Vou mencionar alguns pontos estratégicos.

A habilidade de administrar com constância seus pensamentos, suas emoções, seus comportamentos e adequar-se ao tempo de forma eficiente fará você aprender a se posicionar, e a partir daí será possível dar uma maior contribuição e ficar mentalmente em alerta e comprometido(a) com o todo, que inclui Deus e você, você e você, você e o próximo, você e o profissional.

A serenidade despertará a curiosidade que leva você a descobrir o porquê, o como e o momento certo para mudar a maneira de seguir, de acordo com a sua evolução e a evolução das coisas.

A sua percepção aumentará quando você perceber a importância dessa sequência: comunicar de forma eficaz, acolhendo o ouvinte, ser humilde a ponto de reconhecer que o aprender é infinito, ser simples para aprender e respeitar o próximo, promovendo a si mesmo o bem-estar mental e emocional, sentindo o autoamor, fortalecendo-se para lidar com mudanças de forma proativa e resiliente, dessa forma automatizando a gentileza, então não conseguirá mais desrespeitar o próximo.

Um dos passos mais importantes é criar uma agenda que lhe dê a possibilidade de ter a visão do todo.

A melhor forma de você iniciar é definindo várias metas pequenas, com especificidade, sendo relevantes, mensuráveis, atingíveis e temporizáveis. Com essa experiência, sua mente terá a clareza e objetividade para estabelecer suas prioridades.

Definir metas com clareza de aonde se quer chegar é fundamental para o estabelecimento das suas prioridades. A agenda especificada ajuda a ter uma visão do todo, e isso é um dos passos mais importantes. Sua estrutura tem que ser bem elaborada, sem esquecer que os pilares fixos são os fundamentais: Deus, você, o próximo. Seu momento com Deus, seu momento consigo mesmo, o momento destinado ao outro: pais, cônjuge, filhos, parentes, amigos. Novamente, lembre-se de que o tempo é totalmente perecível, não pode ser armazenado nem esperar por você. O tempo de ontem foi embora e jamais voltará. Com certeza se você respeitar essa agenda fixa, quando chegar o seu momento de se despedir do mundo, sentirá que cumpriu o seu propósito sem deixar o que é mais importante para depois. Quando você se ama e serve ao próximo, o universo o(a) acolhe auxiliando-o(a) no que precisa.

"Os planos do diligente conduzem à fartura, mas o apressado sempre acaba na miséria" (Provérbios 21:5). A chave do sucesso financeiro duradouro é construir um alicerce bíblico em cinco pilares essenciais: generosidade, propósito, integridade, aprendizado e relacionamento.

Assumir a responsabilidade das suas escolhas, sonhar para formular novas ideias e novos objetivos, ser realista para transformar o sonho em realidade e ser crítico para filtrar e fazer melhorias constantes.

Quando você tem amor-próprio, começa a desenvolver uma sabedoria especial para lidar com suas limitações, entendendo seus medos, suas dúvidas, suas lágrimas e seus desejos. Do amor nasce a persistência, então quando você ama alguma coisa, tem determinação e persistência de forma extraordinária. Descubra o que ama verdadeiramente e organize a sua agenda diária com base nisso. Como tudo vem de você, estará preparado para gerenciar estabelecendo suas prioridades na ordem correta, equilibrando vida profissional com a vida pessoal.

A vida é cheia de ciclos em movimento. Aquela ideia ou aquele sonho que teve outro dia será realidade se você iniciar hoje. Tenha poder sobre o seu tempo para usá-lo com sabedoria para as coisas que são verdadeiramente importantes; não faça as coisas de qualquer maneira, leia a Bíblia para saber o que realmente é prioridade em sua vida.

Convido você, após a leitura deste texto, a decidir conduzir sua vida com um constante início, meio e fim.

“A chave mestra é você ser o seu CEO, com maestria e habilidades para gerenciar a si mesmo.”

Alaise Matos

ALESSANDRO RANGEL

Caro(a) leitor(a), sou Alessandro Rangel, cristão, natural do Rio de Janeiro/RJ. Tenho 48 anos, casado há 22 anos, pai de Isabelly, Thayna e Matheus.

Com 29 anos de carreira na área comercial, atuei na liderança de importantes empresas no Brasil. Sou líder, mentor, treinador, palestrante e especialista em análise de perfil comportamental, acumulando mais de quinhentas análises de perfil de forma individual e em grupos no Brasil.

A minha história de sucesso não foi sempre assim. Superei grandes desafios e, assim, provei que é possível a mudança da própria vida por meio da fé, do autoconhecimento e da governança, com compromisso de contribuir para o desenvolvimento e a evolução das pessoas em sua mais alta performance.

Creia em você e será imparável!

alessandrodecastrorangel

lideralessandrorangel@gmail.com

3 O MODELO DE UMA LIDERANÇA EXEMPLAR E CONTAGIANTE

Por Alessandro Rangel

Hoje, o maior desafio é a existência de líderes e/ou aqueles que lideram. Líderes têm uma posição de poder ou autoridade, mas aqueles que lideram nos inspiram e nos contagiam. Sejam indivíduos ou organizações, nós seguimos aqueles que lideram, não porque temos de seguir, mas porque queremos seguir. Seguimos aqueles que lideram, não por eles, mas por nós mesmos. São exatamente esses que começam com "por que" propósito possuem a habilidade de inspirar aqueles à sua volta, sejam eles colaboradores, esposo ou esposa, filhos, sociedade etc.

Você pode modelar várias formas de liderança, entretanto existe um modelo que você jamais poderá negligenciar, sendo essa a "liderança pelo exemplo", a verdadeiramente praticada por **Jesus**. Esse é o único modelo que contribui para a construção de uma cultura organizacional forte e abrangente em todas as áreas. Sendo assim, todos são contagiados por esse propósito e, juntamente com uma cultura forte, é difundido para todos.

Dessa forma, caro(a) leitor(a), abordarei quatro pilares da liderança de Jesus para que eu possa contribuir em sua formação, se ainda não tiver o cargo de liderança, ou para você que já exerce cargo de liderança. É importante entender que, independentemente do cargo, em todos os momentos de nossa vida utilizamos a liderança.

O preparo de Cristo para o desenvolvimento ministerial não se deu apenas antes de iniciar seu trabalho. Na verdade, percebemos nas Escrituras que Jesus se preparava continuamente, no processo de desenvolvimento de sua missão. Diariamente, Ele se preparava para realizar sua missão, por meio de momentos a sós com Deus, uma vez que a batalha principal de Jesus se dava no campo espiritual. Esse foi o maior e melhor modelo de liderança que contribuiu na minha formação, e assim espero contribuir para a sua, meu/minha leitor(a).

1º) Jesus tem um propósito bem definido.

Marcos 16:15; Marcos 1:38

Obviamente o propósito está sempre coadunado à razão do porquê da existência ou de existir algo. No evangelho de Marcos, capítulo 1, versículo 38, e em Marcos, capítulo 16, versículo 15, Jesus conclama seus discípulos a irem às aldeias vizinhas para que ele pregue, afirmando que foi para isso que ele veio ao mundo. A partir daí percebemos o quanto Jesus tinha convicção do porquê veio ao mundo e como se preocupou em deixar isso claro aos liderados.

O líder genuíno tem a convicção do motivo por fazer o que faz. Nós não seguimos alguém que não tem um propósito claro e bem definido, ou seja, um "por que".

Vejo hoje que um dos motivos de líderes não terem sucesso ou não gerarem valor para a empresa em que atuam é por seus valores e seu propósito não estarem alinhados com os valores e propósitos da empresa, e assim sua queda é natural. Quando seu propósito não está alinhado com os da empresa, você entra em uma zona que chamamos de interesse próprio ou conflito de interesses.

Um time espera de seu líder que ele saiba o porquê de fazer o que faz, que ele recrute e transforme as pessoas, que saiba transmitir e envolver a todos.

2º) Liderança pelo exemplo ou líder servo

João 1:15; João 13:12:17

A liderança é um posto de servidão e não um privilégio.

No evangelho de João, capítulo 1, versículo 15, observamos o momento em que Jesus é batizado por João Batista. O próprio João diz que Jesus é muito maior que ele, e que ele, João, não é digno nem de desatar as suas sandálias, entretanto Jesus se submete a ser batizado por João Batista para se colocar como exemplo e mostrar a todos que eles precisavam também ser batizados. Essa passagem nos mostra claramente que Jesus se utiliza de uma ação para conduzir as pessoas a fazerem o mesmo, demonstrando que liderar é antes de tudo dar o exemplo. Jesus queria e foi seguido pelos seus discípulos e por milhões de outras pessoas, e todas elas ficavam maravilhadas com sua liderança.

O líder inspirador deve ser aquele que seus liderados almejam ser, pois sem exemplos não existe referência e nem identidade de liderança. Um time, seja no ambiente corporativo ou qualquer outro, precisa enxergar harmonia entre as atitudes e ações de seu líder inspirador e aquilo que ele fala; sem isso ninguém o seguirá, tampouco ele será exemplo ou respeitado.

3º) Preparação do plano (propósito ou objetivo)

Lucas 22:41-44; Mateus 4:1-11; Marcos 1:35

O preparo é essencial para o objetivo final ser cumprido. A excelência do resultado obtido naquilo que realizamos está ligada diretamente ao investimento que fazemos na preparação. No projeto de Deus para a salvação da humanidade percebemos o preparo como marca diferencial. Ele preparou um povo durante séculos, usou João Batista para os retoques finais e até mesmo Cristo foi testado, ao ser tentado por Satanás, a fim de cumprir a missão a ele reservada.

Antes de seguir para outros locais para cumprir a sua missão, os evangelhos de Marcos e Lucas nos contam que Jesus, ainda quando o dia não tinha clareado, retirando se foi ao Monte das Oliveiras para orar. A questão é que muitas pessoas estavam em busca de Jesus porque queriam ser curadas de suas enfermidades, ou seja, Jesus tinha muito trabalho a fazer. Mesmo assim, não deixou de fazer o que o preparava para cumprir a sua missão, levantou-se e foi orar. Alguém que deseja liderar precisa entender a importância da preparação. A preparação é tudo aquilo que condiciona um líder a exercer a sua missão. No caso de Jesus, foi a oração. Para líderes corporativos, por exemplo, pode ser um bom livro, um curso, um mentor, um *coach* ou até mesmo a própria oração. Entretanto, é imprescindível que um líder esteja se dedicando e aperfeiçoando suas competências, a fim de que esteja preparado. Digo sempre uma frase diante de um desafio: aceite, mas esteja preparado.

4º) Líder da direção

Mateus 10:5-42; Lucas 5:3-6; João 14:6

Em todas essas passagens, há uma direção dada por Jesus. Todo líder precisa dar direção ao seu time, pois seus liderados esperam que ele os mova ao objetivo a partir de uma direção que foi dada.

Em Mateus 10, Jesus explica e dá direção detalhada aos seus discípulos para que tudo ocorra como desenhado. Obviamente a execução sempre será de seus liderados, entretanto a direção dada pelo líder faz com que os objetivos sejam atingidos de forma mais rápida, segura e obviamente sem atalhos.

Após 17 anos ocupando cargos de liderança e sendo analista comportamental e *coach*, creio muito no poder das perguntas, pois elas trazem consciência e nos tiram da zona de conforto. Assim, pergunto a você, meu/minha leitor(a): Que tipo de líder você gostaria de ser? Que tipo de líder você gostaria de ter? Quais as razões para desconfiar de líderes hoje? Como um líder deve tratar seus liderados? Quais suas crenças sobre liderança? Por que alguém deveria ser liderado(a) por você?

Algumas competências (*soft skills*) para uma liderança valorosa no mundo em que vivemos são: inteligência emocional, inspirar, empatia, influência, autoconhecimento, autoconfiança/confiança, *feedback*, entusiasmo, excelência em se comunicar, gestão de conflitos e senso de coletividade.

A excelência na liderança de valores começa a partir de dois pilares: um olhar genuíno para o outro e um cuidado genuíno com o outro. A liderança não é sobre si, mas sobre qual impacto causa na vida e no trabalho das pessoas. Ser parte de algo maior passa por esse processo: engajar, influenciar, participar, direcionar, liderar e conduzir. Assim é uma liderança com foco em pessoas.

Algo muito importante da liderança de valores que sempre utilizei em meu modelo de liderança é a gestão da esperança: transformar a expectativa dos colaboradores em perspectiva de crescimento. É a maior ferramenta de engajamento e mostra o quanto o colaborador acredita que tem um futuro mais incrível ao seu lado.

Quando eu trabalho com perspectiva e esperança, eu produzo muito mais e sou mais feliz. Precisamos sempre fazer, com todos os envolvidos, reuniões periódicas informando onde estamos e para onde estamos indo. Crie sempre um ambiente seguro em que os liderados possam ter confiança em você e permita-se entrar na zona de vulnerabilidade.

Todos esses processos descritos são cruciais para sua construção na liderança baseada em valores, seja em qualquer pilar de sua vida. Contribuindo também com você, meu/minha leitor(a), que está iniciando sua liderança em alguma área de sua vida, utilize essas quatro ferramentas nas tomadas de decisões:

- ouvir na essência: esteja aberto(a) a ouvir seu/sua colaborador(a) sem interromper. Entenda as dores e aflições dele(a).
- direito de reconhecimento: reconheça o esforço e os resultados do(a) seu/sua colaborador(a). Abra possibilidade desse reconhecimento em frente a todos e premie, se for o caso.
- direito de errar: avalie novas perspectivas de acertos e mudança de *mindset*. Por meio de perguntas, tire lições com esses aprendizados para que avance. Perdoe a si mesmo(a) e aos outros.
- direito de pertencer: declare ao(à) seu/sua colaborador(a) a importância dele(a) em todo o processo. Mostre que ele(a) tem um lugar no ecossistema da empresa.

Esse é um ciclo que vai se complementando para que possamos entender e utilizar no dia a dia como maneira de nos aproximarmos de nossos(as) liderados(as), melhorando assim a produtividade e resultados de entrega deles(as).

Depois de ler atentamente as dicas e os processos valiosos que mudaram minha liderança/gestão, desejo que você os coloque em prática com sabedoria e entendimento. Essas dicas valiosas funcionaram comigo e funcionarão com você; elas foram comprovadas e multiplicadas para centenas de pessoas nas minhas palestras e em meus treinamentos.

Como gratidão a você, meu/minha leitor(a), liberei duas ferramentas gratuitas, a fim de que você identifique, treine e adapte seu melhor estilo de liderança, sem esquecer os princípios básicos de Jesus.

Link:
https://tinyurl.com/FerramentasAutoavaliacao

“Seja o líder e o exemplo que inspira as pessoas positivamente. Jesus, o melhor exemplo a ser seguido.”

Alessandro Rangel

BEATRIZ DIAZ

Eu me chamo Beatriz Diaz e sou psicóloga clínica, com percurso na psicanálise. Com especialização em psicanálise pelo Instituto Sinthoma, possuo formação em Sujeitos da Psicanálise pela PUC/SP na área clínica, entre outros cursos e seminários teóricos em psicanálise, cultura e gênero.

Tenho experiência em CAPS, que me trouxe um grande enriquecimento profissional, e em clínica de estética, atendendo pacientes com distúrbios alimentares. Filha de administradora e médico e pesquisador, nascida em São Francisco, na Califórnia, enquanto meu pai concluía o seu pós-doutorado, cresci sabendo a importância dos estudos em minha vida. Ouço desde pequena que podem tirar qualquer coisa de nós, menos o nosso conhecimento. Apaixonada por orientar pessoas em seu processo de autoconhecimento e ajudá-las na relação mais importante de suas vidas: com elas mesmas.

beatrizdiaz.psi

beatrizdiaz.psi@gmail.com

4

A AUTONOMIA E A INTERDEPENDÊNCIA NOS RELACIONAMENTOS

Por Beatriz Diaz

No cerne de nossas vidas, tentamos encontrar um equilíbrio entre duas forças: a autonomia e a interdependência. Aparentemente opostas, mas por vezes se complementam. São como as correntes do mar, às vezes se encontram suavemente, outras vezes colidem em tempestades de desafios e descobertas.

Aqui vou explicar melhor como podemos conviver, sem entrar em conflito entre elas. Mas, antes de começar, gostaria de lhe apresentar o significado dessas duas palavras. *Autonomia* é uma palavra derivada do grego *autos* (próprio) e *nomos* (regra, governo ou lei), que se refere à capacidade dos seres humanos de agirem segundo os seus princípios morais e éticos, que cada indivíduo pode racionalmente justificar. Quem introduziu o conceito foi Immanuel Kant, com a ideia de combater a doutrina dogmática, que se refere à posição de aceitar crenças sem questionamento crítico, como uma verdade absoluta e indiscutível (mais para frente volto a falar com você sobre esse assunto).

A palavra interdependência combina o prefixo "inter-", que significa "entre" ou "mútuo", e a palavra "dependência", que se refere ao estado de depender de algo ou alguém. Juntas, essas partes formam o conceito de uma relação recíproca, em que duas ou mais partes dependem uma da outra. É um termo que surgiu na língua inglesa e em outros idiomas ao longo do tempo, conforme as necessidades de descrever relações complexas entre entidades, sejam elas indivíduos, grupos, nações ou sistemas.

Vemos que, enquanto uma tem o poder de nos guiar para o nosso próprio destino, para a liberdade, em um oceano de possibilidades, a outra é a teia invisível que nos conecta com os outros, fazendo-nos lembrar que cada decisão ecoa em um tecido interligado de conexões, que podemos buscar soluções individuais para nossas questões, mas quase sempre ela está ligada ao coletivo.

Vejo, hoje, com os avanços das redes sociais, o poder de influência para certas temáticas. Algo que tem ganhado muita força nos últimos tempos são os temas sobre saúde mental, autocuidado e amor-próprio. Pautas de extrema importância para serem debatidas. Porém, esse discurso vem se apresentando como um imperativo da constante busca pela autossuficiência, na ideia do "eu me basto", se ninguém me amar mais do que eu me amo, não serve. O sociólogo Zygmunt Bauman faz uma crítica às relações modernas em seu livro *Amor líquido* (1990), no qual afirma que, no mundo moderno, "[...] onde tudo é descartável, até mesmo os amores se tornam líquidos [...]". A clínica está aí para provar a dificuldade e a falta de paciência dos jovens e adultos para desenvolver relações reais, que demandem tempo e disponibilidades para serem construídas.

Levar a vida dessa forma é entrar em negação de que precisamos do outro. Inclusive, desde o momento do nosso nascimento e na medida que vamos tendo autonomia, deixamos de depender tanto assim. Freud explica essa dinâmica, em 1914, com suas escritas em "Introdução ao Narcisismo." Com certeza, você já ouviu o termo "narcisista", essa palavra que se popularizou e começou a ser usada, muitas vezes, de maneira errônea. Então, hoje, você entenderá o conceito, mas antes, é importante saber que todos nós somos meio narcisistas e que, inclusive, o narcisismo é importante e irá influenciar em como nos vemos, na nossa autoestima e autoconfiança. Talvez a questão esteja em ter ele demais ou ter ele de menos.

O termo vem da história de Narciso, que, na mitologia grega, era um jovem de extrema beleza que atraía a admiração de todos ao seu redor. Porém, desprezava essas pessoas, rejeitando-as friamente. Por conta de seu jeito arrogante, Narciso foi punido pelos deuses. Em um belo dia, passeando à beira de um rio, viu o seu reflexo na água e ficou impressionado com a própria imagem. Admirando-se e obcecado pelo que via, ele tenta se beijar e se afoga, vindo a óbito.

Freud baseou-se nesse mito como uma analogia para descrever aspectos da estrutura da personalidade. Trata-se de uma fase do desenvolvimento humano, que todos nós passamos, cada um dentro de seu contexto. O primeiro momento dessa fase começa a acontecer assim que chegamos ao mundo e dependemos do outro para sobreviver. Ali se inicia a constituição do nosso eu, mais conhecido como ego. Desde que nascemos, precisamos de outros olhares para nos mantermos vivos, independentemente do modo que isso ocorra.

Esse é o período chamado de narcisismo primário, em que a criança, no seu auge do desejo e projeções dos pais, vai formando o senso de si. É fundamental para a noção de valor do sujeito. Todos passamos pelo narcisismo primário e, para vivermos em sociedade, precisamos redirecionar esse olhar para além de nós. É o período em que se iniciam as relações e os investimentos afetivos, chamado de narcisismo secundário, em que começa a tal da autonomia. Também é um momento importante para a criança compreender sobre limites, que não viemos a esse mundo apenas para sermos servidos e que iremos precisar encarar as leis impostas pela sociedade. A partir daí começamos a ter mais "liberdade" das nossas escolhas e precisamos bancá-las.

Para além das dinâmicas de comportamentos familiares, somos seres biopsicossociais e vários aspectos podem influenciar em quem somos. O fator biológico considera as nossas condições biológicas, físicas, predisposições, entre outros. O psicológico refere-se aos nossos aspectos emocionais, sentimentos, comportamentos, traumas a partir da história de cada um e os sociais levam em consideração o contexto social e cultural em que o indivíduo vive.

Tudo isso pode interferir na nossa autoestima, que não será a mesma todos os dias, e isso começa a chegar a tal ponto que, se está demais ou de menos, pode nos paralisar ou afetar as relações, sejam elas profissional, familiar, de amizade ou romântica. Porém, a relação romântica é a que as pessoas mais centralizam em suas vidas. Trata-se daquela ideia fantasiosa de que tudo o que nos falta é a metade da laranja, a tampa de nossa panela. Como afirma Ana Suy (2022, p. 32), "ao encontrar um amor, a gente não encontra a parte que nos faltava até então. A gente encontra a parte que fará falta até ali."

Essa concepção de completude indica que com o outro viramos um só, mas caso isso aconteça, uma das partes acabou sumindo e sabe-se que não é raro isso acontecer. Trazendo aqui esse recorte de gênero para pensarmos em como nossa cultura pode influenciar nas dinâmicas das relações, vejo na clínica a quantidade de mulheres que renunciam seus sonhos para ficarem nas funções domésticas e familiares, em um lugar de apoio para que seus parceiros se desenvolvam profissionalmente. A maioria descreve o quanto isso parecia ser o "certo" de início, por ver suas referências fazerem isso a vida toda. Até que, com o passar dos anos, parece que algo foi perdido. A sua autonomia e consequentemente os sintomas da ansiedade e depressão começam a aparecer.

Essa ideia de virar um só acaba acontecendo como uma "fusão". Termo usado na literatura da psicologia de casais para explicar quando um ou os dois parceiros abrem mão da identidade individual em favor de uma identidade para ambos. O medo de ficar só acaba por ser quase que instintivo do ser humano. A fusão acontece quase como uma garantia de se livrar da solidão. Colette (1982, p. 125) explica o desejo de se fundir como algo simbiótico de origens da infância. Assim como na primeira fase da infância, quando a criança está transitando para a fase da separação, para ter mais autonomia, é comum a tentativa de regredir para ter a atenção e continuar dependente de seus cuidadores.

Nessa dinâmica, pode acontecer um apagamento de alguma ou ambas as partes. As personalidades ficam tão misturadas que a autoestima é afetada pela falta de autonomia e o afastamento das relações. Por isso, sempre parto da ideia de que as relações são compostas de três partes: o eu, o outro e o nós. Eu possuo os meus desejos, sonhos, *hobbies*, projetos, opiniões; o outro, as dele; e o nós será construído em conjunto.

Por isso, navegar entre a autonomia e a interdependência é encontrar um caminho genuíno entre elas, e isso acontece quando aprendemos a honrar nossa individualidade sem negligenciar nossas responsabilidades com o outro. A relação conosco mesmos e principalmente com outro é melhor quando somos capazes de ficar sozinhos, pois podemos estar com o outro sem o usar como válvula de escape, valorizando melhor as pessoas ao nosso redor.

Agora darei algumas sugestões importantes para esses dois estados.

- **Autoconhecimento:** esse será o ponto de partida para alcançar as dicas seguintes. Busque seu desenvolvimento pessoal, aproprie-se da sua história e se torne mais consciente de seus comportamentos.

- **Rede de apoio:** tenha com quem contar. O *backup* que as pessoas que nos amam fazem é o mais potente em momentos de vulnerabilidade. Essa rede não precisa ser só entre amigos e familiares, conte também com profissionais que possam ajudar você.
- **Individualidade:** autonomia não significa se isolar. Respeitar a nossa individualidade, sermos fiéis aos nossos desejos, projetos, sonhos e ter momentos de autocuidado. A individualidade nos traz senso de identidade, o que é importante para a nossa autoestima. Identifique crenças limitantes: elas são as verdades absolutas que negamos abandonar. As crenças nos fazem ver as situações de maneira rígida, como preto no branco, sem olhar para outras possibilidades. Isso acontece quando nos espelhamos em apenas um modelo.
- **Comunicação:** a ponte para as relações. Não existe nada que poderá substituir essa ferramenta. Para muitos, a ideia de comunicar os seus sentimentos e se expor vulnerável para o outro é sinônimo de fraqueza. É preciso abandonar essa ideia para podermos cuidar bem dos outros e principalmente de nós mesmos.
- **Manutenção:** com o tempo, nós mudamos e as necessidades também. Aqui demanda flexibilidade para abandonar os pensamentos rígidos de que as coisas só funcionam de uma forma e que é preciso de tempos em tempos se comunicar para alinhar as expectativas e os acordos das relações.

Referências

BAUMAN, Zygmunt. *Amor líquido*: sobre a fragilidade dos laços humanos. Rio de Janeiro: Zahar, 2004.

DOWLING, Colette. *Complexo da Cinderela*. 4. ed. São Paulo: Melhoramentos, 2022.

FREUD, Sigmund. *Introdução ao narcisismo*: ensaios de metapsicologia e outros textos. São Paulo: Companhia das Letras, 2010.

SUY, Ana. *A gente mira no amor e acerta na solidão*. 4. ed. São Paulo: Planeta do Brasil, 2022.

"O caminho entre a autonomia e a interdependência está em honrar a individualidade sem negligenciar as responsabilidades com o outro."

Beatriz Diaz

BRUNA B. BELLATO

Natural de Rio Claro, interior de São Paulo, onde resido até hoje com minha família. Graduada em Psicologia, em minha trajetória profissional pude perceber o quanto o ser humano pode florescer quando acessa o seu real potencial.

Atualmente atuo como mentora, especializei-me em desenvolvimento pessoal por meio de aperfeiçoamento constante, conhecimentos de neurociências e olhar integrativo, isso sempre me encantou e fico feliz em poder contribuir nesse processo.

Também atuo em ambientes corporativos por meio da empresa Método Ser, na qual sou sócia e mentora, focada na educação e no desenvolvimento de pessoas em ambientes empresariais, utilizando de palestras e mentorias especializadas para gestores, líderes e colaboradores, sempre objetivando um ambiente de trabalho significativo e que permita o florescimento humano.

bruna_cbb

metodoser_

bruna.cbb@outlook.com

5 TÉCNICAS PARA O DESENVOLVIMENTO PESSOAL

Por Bruna B. Bellato

O desenvolvimento pessoal é uma ferramenta muito importante que contribui no acesso de nossas potencialidades, pois cada vez mais entendemos a necessidade de vivermos o nosso melhor. Você já percebeu que nossa mente tem muito mais facilidade em mostrar os defeitos do que as qualidades? Se eu pedisse para você falar suas cinco melhores características, você teria facilidade para fazer isso?

Portanto, trazer a possibilidade de se desenvolver traz para cada um de nós a autorresponsabilidade com nossa história, podemos olhar para quem somos pelo autoconhecimento e acessar de forma consciente nosso verdadeiro ser. Porém, existe uma grande diferença entre desenvolver quem você realmente é e querer desenvolver um protótipo de perfeição. A ideia central é, durante sua jornada, conectar-se com seu melhor, alinhado com seus valores, ideais e propósito.

Por isso, na linha do seu desenvolvimento pessoal não existe apenas um caminho, nem um único modelo a ser seguido. Acreditar nisso gera apenas desconexão com sua essência, pois você deixa de ser quem é para ser quem deveria ser. Por isso, desenvolver-se é ser coerente com quem você é, suas melhores forças, seus sentimentos e suas habilidades, pois quando acessamos essa essência nós nos sentimos felizes, por estarmos coerentes com nosso melhor, e como consequência fazemos bem ao mundo.

Dessa forma, paramos de viver por meio de sabotadores mentais e acessamos de forma assertiva formas saudáveis de pensar. Nossa mente pode ser nossa aliada, pois hoje sabemos que pela neuroplasticidade a mente não para de aprender, podemos trazer conhecimento, melhoras e mudanças a todo momento, para que assim possam ser criados caminhos neurais compatíveis com a história que escolhemos contar.

Em minha trajetória, aprendi muito sobre a diferença que faz na saúde emocional a forma com que cultivamos nossos pensamentos, por isso vivi a experiência do desenvolvimento pessoal, aprendi a respeitar minhas necessidades, espaço, virtudes e comecei a viver de forma mais verdadeira comigo. Por essa razão, hoje, dedico-me a passar isso para as pessoas. O desenvolvimento pessoal apareceu para mim em um período que eu estava buscando por mais, por estratégias e possibilidades, pois sentia que chegava até um ponto e não entedia como desenrolar, mas quando entendemos melhor sobre nossas melhores características a caminhada fica mais leve.

Neste capítulo, trarei a vocês algumas estratégias que contribuem para o desenvolvimento pessoal, e assim cada um poderá colocar em prática no momento que considerar e de acordo com o que fizer sentido em sua trajetória.

1. Consciência

Para que possamos nos desenvolver de forma efetiva, é muito importante estarmos conscientes, se não ficamos misturados por inúmeras informações, crenças limitantes, mágoas, limitações que não são nossas, o que desvia o real projeto de nossa história, pois a partir dessas bagagens vivemos o falso eu, e isso gera muita confusão na hora de nos desenvolvermos. Se alguém age baseado em limites que foram implantados por um terceiro, não está coerente com as próprias forças e habilidades, por isso estar consciente sobre seu verdadeiro eu é tão fundamental.

Para acessar a consciência, um caminho necessário é o autoconhecimento. Nele, nos conectamos com nossa verdade, nossas melhores características, nossos reais sonhos e ideais. Um ótimo parâmetro para entender se está sendo você e acessando seu melhor é a sensação de felicidade que isso gera. A ferramenta do autoconhecimento permite ao sujeito entender suas emoções de forma verdadeira e não mascarada, pois quando nos conhecemos fica mais fácil avaliar nossas sensações, passamos a entender melhor aquilo que é nosso e o que é do outro. E entender essa questão já nos poupa muito tempo e energia.

Passamos a entender melhor nossos limites e a respeitar mais nosso tempo assim que conseguimos ficar mais motivados e não terceirizar questões que são nossas para outros, por exemplo, ser nosso maior incentivador é algo que cabe a nós, assim como falar coisas boas a nosso respeito e valorizar nossos feitos. Outras pessoas também podem fazer isso, mas depender unicamente do externo não é saudável.

2. Entender as emoções

Quando estamos na trajetória do desenvolvimento pessoal, entendemos que o melhor caminho não é negar nossas emoções, e sim entendê-las para seguir em frente. A emoção, quando aparece, quer nos dizer algo, por isso, parar para entender é muito importante. Uma estratégia é se perguntar: "Por que estou sentindo isso?" Essa conversa interior é fundamental para entender como acolher as necessidades recorrentes da emoção.

Se sentir tristeza, pode se perguntar sobre isso e entender o que gera essa sensação. Negar a tristeza, por exemplo, pode gerar mais desarranjo interno e, assim, misturar ainda mais emoções que desconectam por mais tempo você de sua rota. Porém, se permitir entender o que é a causa dessa emoção, terá mais domínio sobre os próximos passos.

O mesmo acontece com sentir alegria: se você entende o que o(a) deixa feliz, pode produzir mais dessa emoção. Nossa mente tem mais facilidade em registrar aquilo que não fez bem, mas podemos atuar a nosso favor nos registros mentais e, assim como revisitamos momentos que não nos fizeram bem, podemos revisitar os momentos de alegria. Para isso precisamos entender que são situações felizes e que apreciamos momentos assim.

Em relação ao medo, também podemos pensar: Quantas coisas são paralisadas em nossa vida quando não entendemos melhor sobre o medo? Muitos medos são de outras pessoas e passamos a adicioná-los em nossa vida, por isso nos perguntarmos a razão do que sentimos traz entendimento e libertação.

Gosto sempre de lembrar que não é sobre não sentir, e sim acolher e entender para seguir. Quando entendemos as emoções, elas não precisam mais ser determinantes; elas são sensações que nos trazem entendimento de nossas necessidades interiores e nos ajudam a evoluir para os próximos passos.

3. Pensamento e comportamento

Outra estratégia importante é alinhar pensamento com comportamento, pois podemos estar tão acostumados a agir de determinada forma que não percebemos que caímos no piloto automático. Mas quanto mais desenvolvimento, melhor a capacidade de identificar os caminhos neurais que fomos criando ao longo do tempo e assim oferecer a nós mesmos novas possibilidades.

Em muitos momentos, você pode questionar qual a razão de determinada coisa sempre acontecer de forma parecida, ou que, mesmo não querendo, age da mesma forma, ou cair em sabotadores e querer uma coisa, mas agir de forma contrária ao que almeja. Por isso, alinhar o que pensa é de extrema importância para a forma que vai se comportar, pois pensamento gera comportamento. Quando os pensamentos são pessimistas, a chance de não dar o seu melhor aumenta muito, diferentemente de quando os pensamentos são mais otimistas, o que significa que a pessoa acredita em si e tentará de verdade em determinada situação.

O desenvolvimento permite ao indivíduo utilizar as ferramentas internas a favor de si e, se cair em pensamentos sabotadores, buscar os pensamentos assertivos. Não é uma tarefa fácil ou até mesmo rápida, mas é muito mais saudável para nossa saúde emocional pensar de forma assertiva, em vez de ter pensamentos que funcionam como âncoras e só vão gerar cansaço mental. Otimizar nossa forma de pensar é um treino, mas que vale muito.

4. Foco

Na trajetória de desenvolvimento, muitas vezes você pode ficar perdido, por isso é de extrema importância ter estratégias para manter o foco. Uma possibilidade interessante é deixar claro que está se desenvolvendo por você. Quando entende isso, as ações externas interferem menos no seu foco.

Outro ponto é formar sua caixinha de ferramentas emocional com suas melhores características. Como disse como começo do capítulo, saber quais são suas potências. Ter em mente o que você tem de melhor para usar sempre que precisar auxilia a manter o foco, pois usará a habilidade nas determinadas situações e não parará em obstáculos com facilidade.

Importante não esquecer de olhar a saúde como um todo nesse percurso, pois a saúde física também será muito necessária, porém estamos muito acostumados a olhar para saúde apenas quando ficamos doentes. O que seu corpo precisa entra na linha do autocuidado e gera a força que vai demandar esse desenvolvimento, pois a mente gasta energia aprendendo muita coisa, novas possibilidades, novos caminhos, e vamos precisar nutrir tanto a mente quanto o corpo. Ir ao médico e fazer exames é parte do foco para chegar aos seus objetivos; cuidar do emocional e entender o que não pode faltar em sua rotina com hábitos saudáveis é excelente.

Um dos fatores principais em se desenvolver é aprender a se olhar sem achar que é frescura, entender que cuidar de si é a chave fundamental para tudo, pois o respeito com suas necessidades é uma forma de nutrir suas forças e assim buscar de forma coerente seus objetivos.

Essas quatro estratégias trazem muitas questões importantes que, se olhadas com atenção e carinho, nos trazem acolhimento e incentivo para a jornada de desenvolvimento pessoal. Para que possamos melhorar, é importante valorizar tudo que já construímos, nossas lutas e o que fizemos para chegar aonde chegamos. Valorizar seus feitos também é fundamental para acreditar em novas escolhas, até mesmo o que pensa que hoje faria diferente. Você tem o presente para realizar essas mudanças e sempre acreditando em você!

Podemos sempre buscar por novos caminhos, as coisas mudam o tempo todo e nossas necessidades, opiniões, vontades também, por isso estamos em constante desenvolvimento e, se feito de forma saudável, acessamos o florescimento de nossos pensamentos e nossas ações. Ter fé na trajetória nos permite colocar para fora o nosso melhor, possibilita escutar nosso interior e respeitar nossas singularidades, entender o que precisamos e, assim, transbordar nosso melhor.

Espero que tenha gostado do capítulo e, se estiver buscando por contribuição em sua trajetória de desenvolvimento pessoal, conte comigo! Será uma grande alegria poder estar com você nessa caminhada.

"Gosto sempre de lembrar que não é sobre não sentir, e sim acolher e entender para seguir em frente."

Bruna B. Bellato

BRUNO MARTOS

Sou Bruno Martos, casado e tenho uma filha linda.

Executivo industrial com mais de 22 anos de experiência. Gerencio equipes e processos de produção, manufatura, desenvolvimento, engenharia e já conduzi diversos projetos globais.

Comecei minha carreira aos 16 anos, após o Senai. Sou engenheiro formado pela FEI, tenho MBAs pela FGV e pela USP, além do programa executivo na Universidade da Califórnia/EUA. Focado em liderança, comunicação e inteligência emocional, eu me especializei em PNL, *coaching* e estudo do comportamento humano.

Acredito no poder da melhoria contínua. Sinto-me realizado ajudando no desenvolvimento de outras pessoas.

Posso ser o seu mentor e treinador!

brunomartosoficial

+55 (11) 99517-7279

brunoalvesmartos

brunomartosa@gmail.com

www.brunomartos.com.br

A PROFISSÃO DO **FUTURO**

6

O LÍDER MODERNO: FUNDAMENTOS E HABILIDADES

Por Bruno Martos

Olá! Vamos embarcar em uma jornada para explorar os desafios, fundamentos e habilidades da liderança moderna. Vou começar fazendo cinco perguntas:

- Você já teve dificuldade para entender a motivação e as reais necessidades da sua equipe?
- Como você identifica e lida com diferentes perfis comportamentais e personalidades na sua equipe?
- Tem sido fácil enfrentar os desafios emocionais de lidar com pessoas?
- Como você lida com a pressão de precisar ser exemplo o tempo todo?
- Você já enfrentou problemas de comunicação com sua equipe e teve dificuldade para obter comprometimento?

Essas questões não são apenas desafios práticos, mas também emocionais e comportamentais que muitos líderes enfrentam diariamente. Os desafios da liderança moderna transcendem simples métricas e metas. Eles envolvem lidar com a complexidade das relações humanas e garantir que cada membro se sinta valorizado e compreendido.

A falta de habilidades emocionais pode resultar em uma equipe desengajada e desmotivada, levando à baixa produtividade e ao alto *turnover*. Por outro lado, líderes que não conseguem comunicar de forma clara e inspiradora correm o risco de não alinhar sua equipe com a visão organizacional, perdendo assim performance e resultado.

A boa notícia é que estou aqui para ajudar, oferecendo um guia abrangente dos fundamentos e habilidades essenciais que todo líder moderno precisa para navegar com sucesso neste cenário desafiador. Vou apresentar o que eu uso para superar esses obstáculos e transformá-los em oportunidades significativas de crescimento pessoal e profissional.

Aproveite a leitura e fique à vontade para falar diretamente comigo depois.

Fundamentos e habilidades

Liderar é guiar com propósito, entendendo a motivação da equipe, inspirando com empatia e impactando vidas ao estimular o desenvolvimento. Para mim, essa frase representa o cerne do meu estilo de liderança, e, para compreender completamente esses conceitos, precisamos explorar cada um deles em profundidade, analisando como eles se interligam e se manifestam na prática cotidiana do líder.

Autorresponsabilidade, autoconhecimento, gestão de processos e mentalidade de crescimento. Esses quatro pilares são fundamentais para um líder moderno. Eles não apenas fortalecem o líder individualmente, mas também influenciam positivamente toda a equipe.

<u>Autorresponsabilidade</u>: assumir a responsabilidade por suas ações é essencial para a liderança, significando reconhecer erros, aprender com eles e corrigi-los. Um líder que pratica autorresponsabilidade inspira a equipe a fazer o mesmo, promovendo uma cultura de transparência e melhoria contínua.

<u>Autoconhecimento</u>: conhecer suas forças, fraquezas, valores e crenças é crucial para liderar com autenticidade. O autoconhecimento permite ao líder ser verdadeiro consigo mesmo e com os outros, estabelecendo confiança e respeito mútuo. Uso de ferramentas e *feedbacks* constantes podem ajudar no desenvolvimento do autoconhecimento.

<u>Gestão de processos</u>: a gestão eficiente de processos é vital para alcançar objetivos organizacionais. Isso envolve mapear, otimizar e garantir a eficiência das tarefas e o uso adequado dos recursos. Um líder hábil em gestão de processos identifica gargalos, implementa melhorias e alinha a equipe com os procedimentos corretos, aumentando produtividade e qualidade do trabalho.

<u>Mentalidade de crescimento</u>: adotar uma mentalidade de crescimento significa acreditar que habilidades e inteligência podem ser desenvolvidas com dedicação. Um líder com essa mentalidade encoraja a equipe a ver desafios como oportunidades, promove a inovação e incentiva o desenvolvimento contínuo, criando um ambiente em que os membros se sentem capacitados a experimentar, aprender com erros e alcançar seu potencial máximo.

Guiar com propósito

A liderança começa com um propósito claro. Um líder deve ter uma visão que não apenas oriente suas próprias ações, mas também inspire e direcione toda a equipe. Guiar com propósito significa estabelecer uma missão clara, com metas e valores que todos na organização possam se alinhar e se comprometer.

Visão e missão: a visão é o destino, enquanto a missão é o caminho para chegar lá. Um líder deve comunicar essas direções de forma clara e consistente, garantindo que todos compreendam e compartilhem desse objetivo maior. Isso cria um senso de significado no trabalho diário da equipe.

Valores: os valores organizacionais são os princípios orientadores que definem a cultura da empresa. Eles devem estar alinhados com o propósito e ser refletidos nas decisões e comportamentos diários do líder e da equipe.

Entendendo a motivação da equipe

Compreender o que motiva cada membro da equipe é crucial para liderar de forma eficaz. A motivação pode variar amplamente entre os indivíduos, e um líder deve ser capaz de identificar essas diferenças e adaptar sua abordagem conforme necessário.

Motivação: algumas pessoas são motivadas internamente (motivação intrínseca) pelo próprio prazer ou satisfação no trabalho, enquanto outras são movidas por recompensas externas (motivação extrínseca), como reconhecimento ou remuneração. Um bom líder sabe equilibrar e utilizar ambas as formas de motivação.

Comunicação: para entender verdadeiramente a motivação da equipe, é essencial estabelecer canais de comunicação abertos e honestos. Isso envolve escutar ativamente, fazer perguntas e criar um ambiente em que os membros se sintam seguros para expressar suas necessidades e desejos.

Reconhecimento: reconhecer e valorizar o esforço e as conquistas dos membros da equipe reforça a motivação e o engajamento. Isso pode ser feito através de elogios públicos, recompensas, ou mesmo pequenos gestos de apreciação e apoio.

Inspirando com empatia

A empatia é a capacidade de entender e compartilhar os sentimentos de outra pessoa. Inspirar com empatia significa liderar com compaixão e compreensão, criando uma conexão genuína com os membros da equipe.

Desenvolvimento de relacionamentos: construir relacionamentos sólidos e de confiança é fundamental para uma liderança empática. Isso envolve mostrar interesse genuíno pela vida e bem-estar dos membros da equipe, além das responsabilidades profissionais.

Escuta ativa: praticar a escuta ativa é uma habilidade essencial. Isso significa ouvir atentamente, fazer perguntas esclarecedoras e mostrar que você valoriza o que a outra pessoa está dizendo. A escuta ativa ajuda a resolver conflitos e a melhorar a colaboração. O *rapport* é essencial para líderes que desejam inspirar suas equipes de maneira significativa.

Inteligência emocional: um líder com alta inteligência emocional consegue reconhecer e gerenciar suas próprias emoções e as dos outros. Isso permite lidar de forma eficaz com situações estressantes e criar um ambiente de trabalho positivo e produtivo.

Impactando vidas ao estimular o desenvolvimento

Um dos aspectos mais gratificantes da liderança é a capacidade de impactar positivamente a vida das pessoas, ajudando-as a crescer e se desenvolver.

Mentoria e *coaching*: oferecer mentoria e coaching individualizados ajuda os membros da equipe a identificarem seus pontos fortes, superar suas fraquezas e alcançar seus objetivos profissionais e pessoais.

Oportunidade de crescimento: proporcionar o desenvolvimento contínuo, com treinamentos, *workshops* e projetos desafiadores, é essencial para manter a equipe engajada e preparada para futuras responsabilidades.

Feedback constante: o *feedback* regular e construtivo é vital para o desenvolvimento. Ele deve ser oportuno, específico, focado em comportamentos observáveis e sempre com o objetivo de ajudar a melhorar.

Integração dos conceitos

Autorresponsabilidade, autoconhecimento, gestão de processos e mentalidade de crescimento são fundamentais para uma liderança moderna. Esses princípios permitem que um líder guie sua equipe com propósito, compreendendo suas motivações e garantindo o engajamento e compromisso de todos. Com empatia e boa comunicação, o líder constrói relacionamentos fortes e promove um ambiente saudável, incentivando o crescimento contínuo da equipe.

A inteligência emocional complementa esses fundamentos ao ajudar o líder a gerenciar suas próprias emoções e entender as dos outros. Uma liderança bem-sucedida reflete-se na capacidade de criar um ambiente em que cada membro possa se desenvolver dentro do seu perfil e contribuir de maneira significativa para o sucesso da organização. Liderar com clareza e empatia não apenas constrói confiança, como também promove um engajamento autêntico e duradouro.

Conclusão

A liderança é uma jornada contínua de aprendizado e crescimento. A próxima etapa envolve aprofundar ainda mais suas habilidades por meio de treinamentos, programas de desenvolvimento de líderes ou mentoria. Ao incorporar esses princípios à sua prática de liderança, você estará preparado não apenas para enfrentar, mas para prosperar diante dos desafios complexos do ambiente moderno, inspirando sua equipe a alcançar novos patamares de excelência.

Se deseja alcançar resultados excepcionais, convido você a considerar minha mentoria em liderança. Nossa jornada será focada no seu desenvolvimento! Juntos, exploraremos estratégias práticas e personalizadas para você superar estes desafios, inspirar sua equipe e cultivar um ambiente de trabalho verdadeiramente colaborativo e motivador.

Eu posso apoiar você em cada passo da sua jornada. Vamos começar a construir um futuro de sucesso juntos?

Reflexão final: Para concluir minha contribuição neste livro, pense na liderança como uma árvore. Suas raízes representam seus valores e fundamentos, enquanto os galhos e as folhas são as habilidades que você desenvolve ao longo da jornada. Quanto mais profundas e sólidas forem suas raízes, mais robusta e resiliente será sua árvore, capaz de enfrentar qualquer desafio e florescer em todas as estações. Você tem o poder de nutrir e fortalecer a sua árvore, inspirando outros ao seu redor.

A sua versão do futuro depende do que você faz agora no presente.

"Liderar é guiar com propósito, entendendo a motivação da equipe, inspirando com empatia e impactando vidas ao estimular o desenvolvimento."

Bruno Martos

Carina

CARINA FERREIRA

Meu nome é Carina Ferreira, sou carioca, casada com Thiago e mãe da Maria Clara e da Maria Luiza. Psicóloga desde 2012, sou uma apaixonada pelo comportamento humano desde sempre.

Minha trajetória profissional é focada no desenvolvimento humano, trabalhando com psicoterapia, consultorias e treinamentos.

Mediar, orientar, ensinar e aprender sempre foram minhas motivações ao longo dos anos. Com isso em mente, entendo que qualquer relação entre líder e liderado, que é baseada na empatia, tem o primeiro passo na aceitação do bom agir, para uma liderança inspiradora e uma conexão vital para um mundo mais tolerante.

Seja bem-vindo(a)! Espero ter a oportunidade de conhecê-lo(a) em breve por meio da minha rede social @psi.carinaferreira ou, se preferir, pelo e-mail psi.carinaferreira@gmail.com.

Um abraço!

A PROFISSÃO
DO **FUTURO**

PSI.CARINAFERREIRA

7

LIDERANÇA E EMPATIA: UMA CONEXÃO ESSENCIAL

Por Carina Ferreira

Em meio à constante avalanche de informações e estímulos, muitas vezes nos tornamos tão absorvidos em nossas preocupações e interesses que negligenciamos o outro. A empatia deveria ser um fio condutor entre as pessoas, mas muitas vezes se perde na voracidade do cotidiano. Estamos tão ocupados com nossas telas, nossas metas e nossas próprias vozes internas que esquecemos de olhar ao redor e perceber as necessidades, os sentimentos e as histórias dos que nos cercam.

Esse egocentrismo visual é como uma venda que nos impede de enxergar o mundo além de nós mesmos. Perdemos oportunidades de conexão genuína, de compreender o outro, de oferecer apoio e de compartilhar momentos significativos. Afinal, a verdadeira riqueza da vida está nas relações humanas, na capacidade de se importar e de se doar.

Quando assumimos uma posição de liderança, seja em uma casa, um grupo ou uma empresa, estamos diante de uma responsabilidade significativa. Não se trata apenas de dar ordens ou tomar decisões; é uma oportunidade de representar pessoas, valores e ideias. A liderança envolve direcionar ações para alcançar objetivos comuns.

Liderar é uma arte, uma habilidade que transcende o simples comando. É sobre atrair seguidores, influenciar mentalidades e moldar comportamentos. E, nesse contexto, a empatia desempenha um papel crucial. Quando um líder se coloca no lugar do outro, compreende suas necessidades, seus sentimentos e suas perspectivas, a liderança torna-se mais eficaz e inspiradora.

Imagine um líder que apenas dá ordens, sem se importar com o impacto que suas decisões têm sobre as pessoas. Esse tipo de liderança pode até obter resultados a curto prazo, mas não cria um ambiente saudável e sustentável. Por outro lado, um líder empático busca entender as motivações individuais, incentiva o desenvolvimento pessoal e promove um senso de pertencimento.

A empatia não é fraqueza, é uma força essencial que conecta pessoas. Ela permite que as pessoas sejam ouvidas, que suas preocupações sejam consideradas e que se sintam valorizadas. Quando um líder demonstra empatia, inspira confiança e constrói relacionamentos duradouros.

A verdadeira liderança não está apenas em metas alcançadas, mas na maneira como impactamos positivamente a vida das pessoas ao nosso redor. E, ao olhar além de nós mesmos, encontramos o caminho para uma liderança autêntica e transformadora.

A ausência de empatia nas lideranças tem implicações profundas nas relações pessoais e profissionais. Quando os líderes não demonstram empatia, observa-se um distanciamento em relação ao propósito. O ambiente torna-se inseguro, a comunicação fica prejudicada pelo medo e as ações são realizadas sem verdadeiro engajamento. Essa falta de conexão impacta diretamente nos resultados e no clima.

Imagine um cenário em que um líder não se preocupa com as necessidades e os sentimentos de sua equipe. Os colaboradores podem se sentir desvalorizados, desmotivados e desengajados. A confiança é abalada e a produtividade sofre. Além disso, a falta de empatia pode gerar conflitos, prejudicando a colaboração e a coesão do grupo.

A falta de empatia de um líder pode acontecer por vários motivos, os mais comuns são:

- **egoísmo:** a atitude de colocar seus desejos, interesses, opiniões e necessidades em primeiro lugar não permite enxergar o impacto negativo causado no outro;
- **orgulho:** o comportamento de superioridade em relação aos outros, exibindo uma atitude arrogante e prepotente, não proporciona espaço para conhecer o outro;
- **insensibilidade:** a dificuldade em compreender e respeitar os sentimentos do outro;
- **preconceito:** emitir julgamentos antecipados, sem o devido conhecimento ou reflexão sobre um determinado assunto.

Antes de seguirmos, convido você a fazer uma pausa e refletir sobre suas próprias vulnerabilidades: Você se considera uma pessoa empática? Qual a maior dificuldade para agir com empatia?

Desenvolver a empatia é uma habilidade valiosa que nos permite compreender e se conectar com os outros de maneira mais profunda. A empatia está associada à inteligência emocional e é fundamental para conexões genuínas e uma comunicação eficaz.

Veja como é possível cultivar a empatia em nosso dia a dia:

- **busque o autoconhecimento:** "Conhecer a si mesmo é o começo de toda a sabedoria"[1] , como Aristóteles disse, quanto mais conscientes estamos de nossas ações e emoções, mais fácil fica entender o ponto de vista do outro;
- **pratique uma escuta ativa:** preste atenção quando alguém fala, ouça sem interromper e demonstre interesse genuíno;
- **coloque-se no lugar do outro**: imagine como seria estar na situação da outra pessoa. Pergunte-se: "E se fosse comigo?";
- **observe a linguagem não verbal:** o nosso corpo fala, esteja atento a gestos, expressões faciais e tom de voz, pois eles também comunicam emoções;
- **pratique a empatia todos os dias:** seja com amigos, familiares ou colegas de trabalho, busque compreender suas perspectivas e necessidades.

Lembre-se de que a empatia é essencial para relacionamentos saudáveis e para criar um mundo mais compassivo e compreensivo.

A liderança empática é uma estratégia de gestão que se mostra cada vez mais eficiente ao cumprir as recomendações da boa liderança. Segundo Daniel Goleman (2001), a empatia é fundamental para uma comunicação eficiente e para lideranças bem-sucedidas.

Um bom líder, inclusive, é alguém capaz de cativar e conquistar a confiança das pessoas para fazer com que cada um dê o melhor de si. A empatia, nesse contexto, é a capacidade de compreender emocionalmente outra pessoa, colocando-se no lugar dela.

A empatia é essencial para um bom líder por várias razões:

- **conexão com a equipe:** líderes empáticos criam laços mais fortes com seus colaboradores, o que melhora a comunicação e a confiança;

1 Disponível em: https://ichi.pro/pt/por-que-aristoteles-disse-conhecer-a-si-mesmo-e-o-comeco-de-toda-a-sabedoria-80494239279076. Acesso em: 9 ago. 2024.

- **compreensão das necessidades:** a empatia permite aos líderes entenderem as necessidades individuais;
- **motivação:** líderes empáticos motivam e inspiram, pois demonstram interesse genuíno pelo bem-estar dos outros;
- **resolução de conflitos:** a empatia ajuda a resolver conflitos de maneira mais eficaz, considerando diferentes perspectivas.

O líder empático vê a entrega de resultados como uma consequência do processo. Ele reconhece as habilidades de cada membro da equipe, identifica pontos a serem melhorados e cria um laço de confiança, que possibilita às pessoas se sentirem confortáveis para falar sobre suas inseguranças, tirar dúvidas e pedir orientação. Quando essa habilidade é exercida, o que mais chama a atenção é o afastamento da imagem do chefe clássico, que apenas distribui tarefas e cobra resultados. Agir com empatia é fundamental para gerar motivação e confiança, fatores decisivos em momentos de dificuldades e crises.

É possível tornar-se um líder mais empático, pois a empatia é uma habilidade que pode ser desenvolvida quando é trabalhada. Veja como esses passos podem ajudar:

1º **passo: evite julgamentos:** mantenha a mente aberta, sem julgar comportamentos ou emoções, pois o julgamento será sempre a lente turva que dificulta sua visão sobre o ponto de vista do outro;

2º **passo: comunique com clareza:** busque por uma comunicação respeitosa, transparente e sincera. Questionar para compreender o ponto de vista do outro é essencial para que a empatia aconteça, desde que seja uma comunicação respeitosa;

3º **passo: reconheça as emoções:** valide seus sentimentos. Antes de conseguirmos compreender as emoções do outro, precisamos primeiro compreender, acolher e aceitar nossas próprias emoções;

4º **passo: veja a perspectiva do outro:** no início será necessário um esforço para compreender as emoções, opiniões, dores do outro, mas quanto mais você treinar, mais fácil será essa ação.

Se você deseja construir uma liderança empática, lembre-se de ser aberto ao diálogo e permitir que os colaboradores sejam francos em relação às dificuldades enfrentadas. Exercer a habilidade de empatia na liderança lhe trará uma visão mais ampla, e isso influenciará positivamente na produtividade, no engajamento e em um clima mais saudável.

Quando somos empáticos, conseguimos entender as emoções, necessidades, pontos de vista de outras pessoas e responder de maneira compassiva e solidária. É como se conseguíssemos ver o mundo por meio dos olhos do outro, o que nos permite criar conexões mais profundas, sinceras e respeitosas. Liderar com empatia é ter a coragem de ir ao encontro do outro, conhecer as suas dificuldades, seus medos e suas necessidades.

Imagine um encontro com a empatia. Não um encontro casual, mas uma jornada consciente em direção a compreender o outro, a se colocar em seus sapatos e a enxergar o mundo através de suas lentes. Esse encontro não é apenas uma experiência pessoal; é uma transformação que nos leva além de nossas próprias fronteiras.

Ao cultivar a empatia, abrimos portas para uma visão mais ampla. Não se trata apenas de entender as circunstâncias alheias, mas de expandir nossa própria capacidade de tomar decisões. Quando nos conectamos com as histórias, as dores e as alegrias dos outros, nossa perspectiva se enriquece. Passamos a considerar variáveis que antes eram invisíveis, e nossas escolhas tornam-se mais conscientes e compassivas.

Essa expansão da tomada de decisão não se limita ao âmbito pessoal. Imagine líderes, gestores e tomadores de decisão em todas as esferas da sociedade cultivando empatia. O resultado? Políticas mais inclusivas, empresas mais humanas e comunidades mais tolerantes. A empatia transcende barreiras e nos leva a construir um mundo onde a compreensão prevalece sobre o preconceito, onde a colaboração supera a competição.

"Alegrai-vos com os que se alegram; e chorai com os que choram". (Romanos 12:15)

Portanto, ao enfrentarmos os desafios do futuro, lembremos da importância de cultivar a empatia. Ela não é apenas uma virtude, mas sim uma ferramenta poderosa para moldar um mundo mais harmonioso, onde cada indivíduo é valorizado e onde a humanidade se reconhece em sua diversidade.

Vamos juntos criar conexões mais saudáveis, respeitosas e empáticas!

Referência

GOLEMAN, Daniel. *Trabalhando com a inteligência emocional*. Rio de Janeiro: Objetiva, 2001.

“Liderar com empatia é permitir-se ir ao encontro do outro, sem preconceitos e julgamentos, para criar uma conexão de escuta e respeito.”

Carina Ferreira

CAROL MONTEIRO HENRIQUE

Sou Carol Monteiro Henrique, empresária e contadora da Contábil Monteiro Henrique, uma contabilidade familiar em crescimento, fundada por meu pai, José Manuel Henrique, em 1998, na cidade de Guarulhos/SP. Meu propósito é orientar empresários a abrir, gerir e alavancar seus negócios, resolvendo a conformidade e burocracia das empresas, agregando valor aos empreendedores para tomarem decisões mais assertivas e maduras. Recentemente me descobri uma comunicadora, em minhas assessorias e nas redes sociais compartilho conteúdos por meio de *lives*, *podcasts* e palestras sobre dicas práticas e efetivas para o sucesso nos empreendimentos. Escrever um capítulo deste livro traz-me alegria e realização! Vamos lá? Conte comigo!

carolcontadoraoficial

+55 (11) 98629-5611

8

FUNDAMENTOS PARA TOMADA DE DECISÃO

Por Carol Monteiro Henrique

Nossa vida é composta de decisões diárias. Escolhemos nossos amigos, nossos amores, o que comeremos no jantar, o que estudaremos, como gastaremos nosso tempo e dinheiro, e os lugares que desejamos conhecer mundo afora. Algumas decisões simplesmente fluem de forma natural; outras exigem mais esforço emocional e racional, requerendo prudência, espera, organização, planejamento e disciplina.

Quero lhe trazer a seguinte reflexão: você gosta do seu trabalho? Sabe por que escolheu o que faz todos os dias? Gosto de comparar a vida a uma pizza, em que cada fatia corresponde a uma área da vida. Todos sabemos que muitas dessas fatias correspondem ao nosso trabalho, em que investimos tempo e energia. Conheço pessoas cuja pizza inteira é voltada para essa área, mas equilibrar todos os pilares da vida é fundamental para nos sentirmos verdadeiramente realizados. Haverá dias mais fáceis, fluidos e gostosos, e outros mais desafiadores e cansativos, mas precisamos estar minimamente satisfeitos com a nossas escolhas.

Trabalhando como contadora em nosso escritório, frequentemente me deparo com futuros empresários que, saturados do mundo CLT, chegam até nós cheios de sonhos e vontades de ter seu próprio negócio, buscando alçar voos mais altos e ter mais liberdade. Conheço outras pessoas que preferem a rotina de um emprego mais previsível. A melhor escolha é aquela que faz sentido para cada um, possibilitando sempre o crescimento e desenvolvimento pessoal e profissional.

Para você que deseja ter seu próprio empreendimento: já desenhou a empresa dos seus sonhos? Já detalhou como ela seria? Seu nome, suas cores, a estrutura, quem seriam seus clientes, quais os perfis de seus futuros colaboradores, seus valores e condutas, e seus diferenciais?

Para você que escolheu a jornada empreendedora: está feliz com os resultados ou sente que ainda está andando em círculos? Assim que me graduei e iniciei no escritório do meu pai, desejei trabalhar com propósito, ser útil para nossos clientes, vê-los crescer e, de alguma forma, fazer parte de tudo isso.

Em um passado não tão distante, o contador era visto como um "despachante", entregando apenas o produto final ao cliente, como notas fiscais, impostos e folhas de pagamento. Esse perfil de profissional ainda existe no mercado, garantindo a conformidade das empresas, porém, o apoio é totalmente voltado para questões burocráticas. Sempre me senti inconformada com essa situação e desejosa de auxiliar ainda mais, resolver outros problemas e ajudar a tornar as empresas no Brasil mais saudáveis. Escolhemos, então, seguir o perfil do contador "consultivo", que agrega valor, é o braço direito do empresário, acompanha mais de perto e está disponível para dar verdadeiro suporte, com sugestões práticas e efetivas. Também ensinamos sobre educação financeira, que infelizmente não faz parte da grade curricular das escolas e universidades, carecendo de conteúdos úteis e aplicáveis. Nós, contadores, orientamos nossos clientes a se tornarem empresários mais maduros e sólidos no mercado. Esse perfil sim faz meus olhos brilharem, faz-me levantar todas as manhãs com energia e seguir mais facilmente meu propósito!

Durante a minha jornada, conheci mentores que me guiaram e continuam trazendo inovações para minha empresa, permitindo validar e compartilhar essas novidades com nossos clientes. Como empresária contábil, preciso cuidar e equilibrar com maestria todos os "pratinhos" do meu negócio: captação de clientes, expansão, marketing, vendas, gestão, financeiro, *compliance, onboarding, customer experience* e, claro, o coração do negócio, que é o setor operacional. Obviamente, meu pai e eu não fazemos tudo sozinhos; temos um time de pessoas capacitadas e fiéis que escolhem, todos os dias, dar o seu melhor!

Mas nem sempre tive certeza da minha profissão e levei tempo para encontrar meu lugar dentro da empresa. Acho que todos nós temos perfis e características que nos fazem ter mais facilidade em certas escolhas e dificuldades em outras. Acredito que devemos nos desenvolver naquilo que consideramos difícil, mas a verdadeira potência está em ficarmos ainda melhores naquilo em que temos dom, carisma e fluidez. Escolhi setores do meu escritório nos quais tive mais facilidade, desenvolvi-me e percebi claramente a importância de manter uma mentalidade de crescimento, pois precisamos nos desenvolver ao longo da vida em funções que anos atrás nem passavam pela nossa cabeça! Um exemplo disso é que me formei como contadora e me desenvolvi também como comunicadora, criando conteúdos em *lives*, *podcasts*, palestras e conversas, para espalhar um pouco do meu conhecimento e deixar minha mensagem ao mundo.

Acho muito poderosa essa rede de *networking* que podemos ter. Gosto sempre de falar que pessoas são oportunidades. É muito bonito quando podemos compartilhar soluções e dores com as pessoas que chegam até nós desejando um norte e uma direção para sua organização e, como contadores, ajudar nossos clientes a se tornarem empresários mais maduros e sólidos no mercado.

E como se toma uma grande decisão? Na maioria das vezes, com frio na barriga e com um certo medo. Acho que nunca teremos a sensação de estarmos 100% prontos para decidir sobre algo e abraçar o custo dessa decisão. Quando escolhemos, portas se abrem, e com elas novas possibilidades, mas também muitos cenários e escolhas diferentes ficam para trás, por isso é importante um planejamento eficaz, um estudo de possibilidades, analisar prós e contras, e ter uma estrutura sólida e alinhada para a execução de ações.

Aprofundando em alguns fundamentos da tomada de decisão no meio coorporativo, podemos falar de uma maneira breve, porém incisiva, sobre:

- análise de mercado: em que é necessário pesquisar para entender os desejos, comportamento e necessidade dos consumidores, sondar as ações de seus concorrentes, analisar preços, possíveis ameaças e novas tendências.
- planejamento estratégico: em que parte do seu negócio é essencial colocar os holofotes? No que você sente que é bom e em que percebe que ainda precisa se desenvolver e lapidar? O que você tem a oferecer que é único e especial? Aqui também é muito importante ter metas reais, possíveis e ousadas, com prazos e planos de ação para que seja possível concretizá-las.
- analisar financeiramente orçamento, receitas, despesas, fluxo de caixa, índices; formar uma reserva de emergências para eventuais

necessidades; ter sempre um plano de contingência caso seus resultados não saiam como você esperou.

- marketing e vendas para conseguir lançar seu produto ou serviço ao mundo da forma mais atraente e estratégica possível; criar conteúdos com frequência; ser encontrado em diversos canais; mecanismos de buscas; redes sociais; tornando-se autoridade no seu nicho.
- desenhe as funções e cargos do seu time, aplique testes comportamentais e técnicos. Muitas vezes, admite-se um funcionário pelo seu conhecimento e bagagem, porém demite-se por comportamentos e falta de feat cultural. Treine e desenvolva sempre as pessoas que escolhem trabalhar com você. Busque sempre um ambiente de trabalho harmonioso; estimule a comunicação e dê *feedbacks* construtivos e estruturados.
- desenvolva-se como líder, aprenda novas *skills*, estude sobre inteligência emocional, leia livros sobre esses temas, faça resumos e pratique alguns tópicos que estão no papel.
- nunca achar que você já alcançou completamente o topo da montanha. Há sempre algo novo a ser aprendido, desenvolvido, ressignificado e revisitado. É sim uma escalada sem fim! Mantenha-se flexível para recalcular a rota sempre que necessário!

Acredito que depois de estruturar um pouco cada um dos tópicos anteriores, você estará mais preparado para mergulhar nesse universo de possibilidades que é arriscar, ganhar e às vezes perder (pois perder também faz parte) ao empreender. Lembre-se sempre de que uma empresa é como uma casa em construção: precisa de uma base sólida e firme para se erguer com estrutura e alcançar sucesso nessa empreitada.

Para sermos bons administradores de nossas vidas, nosso dinheiro e nossos negócios, não podemos cometer o que eu chamo de "deslizes comportamentais". Um exemplo disso é mantermos um estilo de vida que não podemos bancar. Infelizmente, ainda vejo empresários que sacrificam suas empresas e seu patrimônio pessoal para antecipar sonhos pessoais. Isso me preocupa profundamente, e, sempre que possível, aconselho e compartilho planilhas de finanças pessoais para evitar a famosa bola de neve.

Tenha muita clareza onde você quer estar e aonde quer chegar daqui a seis meses, três, cinco e dez anos. Equilibre sua rotina de forma saudável;

cuide de sua saúde, emoções, pensamentos e ansiedade; e conecte-se sempre com o que é importante e valioso para você.

Crie um lema para se conectar ainda mais com seu propósito. Meu pai e eu usamos "foguete não tem ré". Isso de alguma forma nos estimula a buscar cada vez melhores resultados e ter mais energia diariamente.

Conte com a ajuda de especialistas. É impossível saber tudo, aceite e peça ajuda, experimente confiar mais nas pessoas.

Experimente fazer algo novo pela primeira vez, assim como eu que estou escrevendo este capítulo do meu primeiro livro em coautoria com outras pessoas incríveis.

Exercite a gratidão. Honre sempre aqueles que vieram antes de você!

Sempre que possível, compartilhe e espalhe o que você aprendeu. Acho uma judiação retermos o conhecimento conosco, é um desperdício.

Dedico este capítulo aos meus pais José Manuel Henrique e Angela Monteiro Henrique, que abriram caminho para que eu pudesse ter uma vida mais estruturada e com muito amor! A vocês, toda a honra! Obrigada sempre! Amo vocês!

Foi um prazer tê-lo(a) comigo por aqui! Desejo-lhe coragem para crescer, força, sucesso e ação e me coloco à disposição para conversar com você! Será legal tê-lo(a) comigo nas redes sociais, entre em contato com mais dos meus conteúdos.

Seguimos juntos!

“Mesmo que suas pernas estejam tremendo, <u>decida</u>! Talvez não tão rápido, porém com firmeza; deguste muito dessa jornada preciosa que é a vida!”

Carol Monteiro Henrique

Créditos: Laura Spohr Batista.

DIANE M. KUSCINSKI

Sou Diane M. Kuscinski, filha do seu João e da dona Marta, casada com Rafael Kuscinski, mãe da Laura, do Artur e do Bruno Rafael.

Hoje, atuo como mentora, palestrante e treinadora de equipes que buscam resultados, mas, antes de tudo, como terapeuta. Em meu currículo, somam-se mais de trinta e quatro formações dentro da área de desenvolvimento pessoal, Constelação Sistêmica Familiar, Hipnose Clínica e Regressão, Terapias Integrativas, Análise Comportamental pelo método DISC, *Master Coach* e acadêmica de Psicanálise.

Mas nem tudo foram flores, entrei no mundo do autoconhecimento a fim de aliviar minhas dores, superei a depressão e recalculei a rota da minha vida, por isso sou defensora do autoconhecimento, pois ele transforma vidas.

dianekuscinski

+55 (55) 98152-4180

9

DESENVOLVENDO TALENTOS, GERANDO COMPROMETIMENTO

Por Diane M. Kuscinski

Eu nasci em uma pequena cidade missioneira, chamada Eugênio de Castro/RS, e sou filha de funcionários públicos e neta de agricultores. Mas nem sempre a segurança de um concurso público esteve presente. Antes disso, dentro de uma cabine de caminhão, junto de meu pai, mãe e irmão, percorri os quatro cantos desse país. Meu pai, com muita coragem, em uma época em que GPS, celular e internet não estavam ao alcance das mãos, vestiu-se de determinação e, como única alternativa, desbravou o país, a fim de prover sua família. Minha mãe entretinha-nos dentro de poucos metros quadrados, enquanto passávamos os dias percorrendo rodovias, em busca do próximo destino, e assim tomei o gosto pela liberdade.

Tudo mudou no momento em que chegou a hora da minha alfabetização, a qual obrigou minha mãe a fixar residência. Nesse momento a saudade apertou, porém eu precisava frequentar a escola. Passado algum tempo, devido à saudade, meu pai prestou concurso público e decidiu largar a profissão de caminhoneiro.

Recebi uma criação em que desenvolvi habilidade para tomar decisões, e ler sempre foi fonte de inspiração e conhecimento, uma vez que acionava as asas da minha criatividade. Sempre me comuniquei com facilidade, e isso me conferiu até um apelido, "o rádio da casa", pois vivia a tagarelar. Curiosa, tagarela e determinada, assim me descreviam.

Mais tarde, ao final da adolescência, chegou o momento de escolher uma profissão. Sempre amei cuidar de pessoas, então decidi cursar Farmácia, afinal levaria alívio às pessoas por meio de medicamentos. Eis que começou um sofrimento; eu amava falar, e laboratórios são ambientes que exigem silêncio, um perfil analítico e preciso, além, claro, das regras e processos a serem seguidos. Logo eu, desastrada, que derrubava vidraria, nada precisa, quis trabalhar onde a atividade principal era pesar microgramas de princípio ativo que iria ser colocado em cápsulas. A manipulação de fórmulas farmacêuticas exige um processo minucioso, pois a diferença entre um medicamento e um veneno é a dose.

Meu perfil de tagarela dentro de um laboratório foi sofrimento puro. Por não saber reconhecer minhas habilidades, continuei a graduação e, ao fim do último semestre, tomei coragem e decepcionei todos. Eu já não podia mais carregar a tristeza e o sofrimento de fazer algo de que não gostava. Eu não tinha consciência do porquê me sentia desmotivada a seguir com a profissão, afinal fui eu quem escolheu. Por alguns anos, nem passar em frente à universidade conseguia.

Demorei até achar o meu caminho, trabalhei no cargo de vendedora, auxiliar de odontologia, assistente financeiro e, por fim, com Recursos Humanos, porém ainda não havia clareza sobre qual caminho seguir. Depois de algumas reviravoltas, eu me encontrava sem emprego, sozinha e com um filho pequeno, e foi o autoconhecimento que transformou minha vida pessoal e profissional.

A partir do meu perfil comportamental, entendi quais eram minhas habilidades, quais meus pontos de dificuldade, o que trouxe clareza sobre minha dificuldade em seguir na profissão de farmacêutica, mais especificamente dificuldade com rotinas e processos.

O autoconhecimento torna consciente as respostas; você passa a entender as origens dos seus comportamentos de autossabotagem, procrastinação e falta de motivação na carreira que escolheu ou no trabalho que executa diariamente. Conhecer suas habilidades, suas competências, seus valores e suas motivações traz clareza, discernimento e a possibilidade de performar, além de impedir que você aceite um lugar em que você se encaixa, mas que não serve para você, evitando assim aceitar cargos que lhe empurram para um sentimento de tristeza e desmotivação.

No mundo corporativo, é comum encontrar pessoas desmotivadas, que sentem o peso da rotina, sentem-se tristes ao depararem-se com o despertador que toca lembrando-as de que mais um dia começa, vivem orando a Deus para que chegue o final de semana, para assim desfrutarem da sensação de liberdade. Delegam a felicidade à sexta-feira, esperam ansiosamente pelo final do expediente, quando finalmente posicionam sua digital no relógio de ponto. Nesse momento, como em uma mágica, o peso sai dos ombros, mas apenas até que o final de semana acabe, e tudo recomece outra vez. Assim é sobreviver em um caos interno, no modo automático, enquanto continua esperando a próxima folga, fazendo algo que não sente prazer. Esse mal atinge aqueles que se capacitam tecnicamente, mas esquecem-se de buscar o autoconhecimento.

Nas consultorias e nos treinamentos, já encontrei gestores desmotivados, tentando entregar resultados, andando em círculos. Para uma empresa manter-se no mercado, é necessário vender, ou seja, é a sua principal fonte de resultados. Toda empresa vende soluções de problemas aos clientes, encapsuladas em forma de produtos ou serviços. Dito isso, para solucionar um problema, é preciso conhecimento! Conhecimento das causas, dos desafios e da melhor estratégia no combate ao problema. Conhecimento de si, do item a ser vendido e do cliente. É por isso que vender é a arte do conhecimento.

Diante disso, é crucial que o gestor conheça os perfis comportamentais de sua equipe, qual é o comportamento esperado de cada um, o que os motiva, quais seus valores. Esse conhecimento é a base para uma equipe performar. O gestor precisa ser um camaleão, saber comunicar-se com cada peça do seu grande quebra-cabeça chamado equipe. Esse conhecimento faz-se necessário para uma comunicação assertiva entre líder e liderados. Uma peça fora do lugar e lá se vai o resultado, pois o ser humano não consegue executar tarefas por longos períodos que não lhe gerem prazer. É por isso que as pessoas falham na execução de dietas restritivas e em tarefas que não sentem prazer algum em executar.

Nossas competências são importantes, principalmente quando falamos em resultados satisfatórios, ou seja, é preciso saber, praticar e agir. Porém o talento só é desenvolvido quando juntamos a competência, o comprometimento e a contribuição. Só nos tornamos talentosos nas atividades que conseguimos executar por longos prazos. Pensando na minha história, eu jamais conseguiria ser talentosa dentro de um laboratório, pois não havia prazer na execução.

A análise comportamental é uma ferramenta de autodesenvolvimento; conhecimento das habilidades, dos comportamentos esperados, das tarefas com as quais o indivíduo consegue comprometer-se a longo prazo, e por consequência descobrir onde pode tornar-se talentoso, assim como pontos com os quais não possui tanta afinidade, podendo decidir ou não pelo desenvolvimento dessas habilidades. O mapa comportamental traz a possibilidade de escolher tarefas que lhe gerem prazer e satisfação pessoal. Por outro lado, gestores podem beneficiar-se dessa ferramenta, a fim de extrair as principais habilidades dos seus liderados, conhecendo suas necessidades, evidenciando qual a melhor estratégia de comunicação a ser empregada, quais atividades são coerentes com as habilidades demonstradas no mapa do seu liderado.

A análise comportamental auxilia tanto no recrutamento de candidatos como no desenvolvimento de alta performance, pois a partir do conhecimento gerado dentro do método e aplicado por profissionais capacitados, obtém-se um mapa, que tem por objetivo descrever habilidades, a fim de aumentar o engajamento e, por consequência, a produtividade como um todo.

Hoje um dos sistemas de análise de perfil comportamental mais utilizados no mundo é o modelo DISC, criado pelo americano William Moulton Marston. Escritor, psicólogo e inventor, Marston foi um dos pioneiros a aplicar a psicologia em pessoas comuns. Segundo Marston (2016), existem quatro padrões de comportamento: *Dominance*, *Influence*, *Steadiness* e *Conscientiousness*, dando origem à palavra DISC, e traduzindo no modelo que temos no português para: Dominância, Influência, Estabilidade e Conformidade.

Cada perfil possui suas particularidades e habilidades, e todo ser humano carrega todos os perfis, porém terá um ou mais, podendo chegar a três perfis que irão sobressair aos demais, formando assim uma combinação única em cada indivíduo.

- Dominante: são indivíduos que gostam de desafios, competitivos, possuem agilidade na tomada de decisões, têm objetivos voltados à superação de metas e resultados. São movidos pela ação. Têm dificuldade em realizar tarefas que dependem dos outros, por gostarem do controle.

- Influente: são movidos pela interação social, pela comunicação, inspiram e motivam pessoas, criativos, persuasivos, convincentes. Não suportam processos e rotina. Gostam de ambientes dinâmicos, principalmente aqueles que lhes possibilitem interação com pessoas.
- Estável: buscam a lealdade, cultivam relacionamentos duradouros, adoram as rotinas, trabalham muito bem em equipe, porém não suportam mudanças repentinas e ambientes onde haja conflitos. Geralmente trabalham de forma lenta e sistemática, adorando processos e rotinas definidas.
- Conforme: indivíduos detalhistas, minuciosos e analíticos, disciplinados e críticos, buscam a perfeição, pois não gostam de receber críticas. Seguem à risca as regras, possuem dificuldade em iniciar projetos, porém são ótimos em concretizá-los.

Conhecendo algumas habilidades de cada perfil, percebe-se que o conhecimento dos perfis comportamentais, tanto no âmbito corporativo quanto no pessoal, faz-se necessário para melhor aproveitamento das habilidades de cada indivíduo, seja na tomada de decisões sobre quem é mais adequado à que cargo ou para autoconhecimento, a fim de desenvolver os talentos em atividades com as quais tenha afinidade. Autoconhecimento transforma vidas. Hoje sei que trilho um caminho satisfatório e desenvolvo meus talentos diariamente, seja palestrando, treinando equipes, mentorando ou prestando consultoria.

Depois deste capítulo, convido você a conhecer meu trabalho, mas antes disso, você já sabe a resposta da minha pergunta inicial? Agora é a hora, pergunte a si mesmo(a): Quais atividades eu tenho prazer em executar hoje? Qual é o meu talento?

Referência

MARSTON, William Moulton. *As emoções das pessoas normais*. São Paulo: Success for You, 2016.

“O gestor precisa ser um camaleão, saber comunicar-se com cada peça do seu grande quebra-cabeça chamado equipe.”

Diane M. Kuscinski

EBIRON AUGUSTO

Meu nome é Ebiron Augusto, sou mineiro e resido em Governador Valadares/MG. Sou casado com minha amada esposa Fabiana Neves e pai do Marcus Augusto e da Maria Luísa.

Sou mentor, escritor, palestrante, especialista em Desenvolvimento Pessoal, *coach*, analista de perfil comportamental certificado pela Flórida Christian University e empresário.

Meu propósito é ajudar pessoas a se desenvolverem pessoal e profissionalmente, para superarem seus limites e construírem uma vida de autorrealização.

Nasci e cresci em uma família simples, na zona rural, e superei dificuldades na infância e adolescência. Porém, provei que qualquer pessoa pode ter a vida transformada por meio do autoconhecimento.

ebiron.augusto

Ebiron Augusto

www.ebironaugusto.com.br

ebironaugusto@gmail.com

A PROFISSÃO DO **FUTURO**

10 DESENVOLVENDO A AUTOLIDERANÇA

Por Ebiron Augusto

Tomar o controle da própria vida é um dos desafios mais fundamentais e transformadores que qualquer pessoa pode enfrentar. A autoliderança é a capacidade de influenciar seus próprios pensamentos, comportamentos e emoções para alcançar seus objetivos, mesmo que pareçam distantes. Este capítulo explorará como você pode desenvolver autoliderança, apresentando conceitos teóricos, exemplos práticos e orientações baseadas na ciência, na filosofia do estoicismo e em experiências reais, para equilibrar e fortalecer sua jornada.

A jornada do recomeço

Foi em maio de 2019 que me encontrei sem esperança, com dívidas superiores a R$ 100.000,00 e rendimentos pouco acima de um salário-mínimo. A ansiedade, o estresse e a angústia estavam tomando conta de mim, eu me sentia incapaz de lidar com os desafios. Eu me sentia estagnado e, quanto mais eu tentava encontrar respostas, mais confuso e desorientado ficava. Certa vez, enquanto estava no trabalho, um amigo observou meu semblante e disse que tinha algo importante a me dizer. Ele disse: "vejo que você tem um grande potencial, mas percebo algo de errado". Talvez ele notasse algo pela minha feição pálida, pela negatividade nas minhas palavras, ou mesmo pela minha cara fechada de infeliz.

Ele disse que era *Master Coach* e que gostaria de me apresentar uma metodologia que acabara de conhecer, e que tinha trazido grandes avanços para sua vida profissional e pessoal. Por educação, eu disse que sim, que poderíamos marcar um dia, mesmo que dentro de mim algumas vozes parecessem dizer: "você vai perder o seu tempo!".

Quarta, às oito horas. Como esse dia chegou rápido! Acordei às sete da manhã, com um desânimo ainda maior que nos outros dias. Parecia que todas as forças me puxavam para trás. Peguei um caderno e dirigi-me até o endereço. Entrei por uma porta estreita, alguns lances de escada, virei à esquerda e cheguei a uma recepção. A moça olhou-me como quem já me esperava e, mesmo antes de eu me apresentar, ela disse: "Senhor Ebiron?" Eu respondi: "Sim, sou eu." E ela disse: "O John já está à sua espera. Sente-se e aguarde só um minuto que vou avisá-lo da sua chegada".

Enquanto esperava, ansioso, eu olhava fixamente para a porta da sala à minha frente e de repente ela se abriu. "Ebiron! Que bom que você veio! Entre!" Pensei comigo: será que eu tinha a opção de não vir? Era uma sala aconchegante, com um cheiro agradável, uma pequena mesa com tampo de vidro no centro, umas três cadeiras aveludadas e uma mesa bem elegante, com um *notebook* e uma impressora em cima. Eu me sentia tenso, poucas palavras saíam da minha boca. Olhando rápido e discretamente, notei alguns quadros com frases motivacionais nas paredes que pareciam deixar o ambiente um pouco mais leve e receptivo. Curiosamente, eu me senti bastante acolhido pelo ambiente e uma certa calma parecia se aproximar. Ele começou a falar sobre crenças limitantes e neuroplasticidade, explicando que havia crenças na minha mente, plantadas ao longo da vida, que bloqueavam meu progresso. Mas que havia possibilidade de mudança. Foi um momento de revelação: comecei a ver que todas as soluções estavam dentro de mim, e não fora. Passei a entender que nossos pensamentos predominantes são aqueles em que nossa mente subconsciente e inconsciente acredita.

Meu objetivo aqui não é relatar o que aconteceu durante aquela primeira sessão, nem nas nove subsequentes, mas despertá-lo(a) para o fato de que todo início de mudança exige uma decisão. E que não há possibilidade de mudança sem que você lidere a si mesmo(a).

Foi um desafio aceitar a proposta do John, mais desafiador ainda foi lutar contra as forças internas para comparecer àquela primeira sessão. Mas, ao superar esse desafio, eu voltei para casa em êxtase, pensando em como tudo que ele dizia poderia fazer tanto sentido! Talvez, pela primeira vez na vida, eu tivesse a sensação de que estaria, ou pelo menos poderia, estar no controle.

A importância da tomada de consciência

Chega um momento na vida em que você precisa entender que frequentemente é controlado(a) por forças externas e raramente está no controle. Quando não está no controle, também não controla os resultados que pode obter. É imprescindível que a pessoa tome o controle da sua vida. Um renomado estudioso, Napoleon Hill, fala da importância de controlar os pensamentos para alcançar o sucesso. Ele disse: "não existe limitação para a mente, exceto as que nós mesmos reconhecemos. Pobreza e riqueza são produtos do pensamento" (Hill, 2015, p. 71). Portanto, aquele que controla os seus pensamentos controla todo o resto, é como ter a vida na palma da mão.

Para controlar ou gerir o que se pensa, existe um passo inicial crucial: a tomada de consciência. É um "clique" mental que gera a consciência de que algo precisa e pode ser mudado ou melhorado. Direcione seus pensamentos para aquilo que deseja. Frequentemente, as pessoas são apenas tripulantes de suas vidas, sem comando, deixando-se levar pelas circunstâncias. Quando você é a tripulação, e não o piloto, não tem controle sobre o voo ou a direção da embarcação. Assim é na vida: quem não toma o leme do próprio barco, não chega aonde deseja, mas sim aonde os outros querem que chegue.

Compreendendo o sistema humano

O profissional do futuro precisa estar no controle, e para isso é necessário compreender uma premissa: entender o ser humano como um sistema de três partes: espiritual (divino), mental (mente) e física (corpo). Essa tríade maximiza a capacidade humana e revela o seu verdadeiro potencial. No entanto, esse sistema pode falhar devido a paradigmas e crenças limitantes aprendidas ao longo da vida, além de interferências externas. Mas, quando uma pessoa se torna capaz de compreender essa tríade, podemos dizer que ela é líder de si mesma, ou seja, possui uma habilidade chamada autoliderança.

Autoliderança na prática

Uma aluna da minha mentoria era gerente de projetos e relatou que constantemente se sentia sobrecarregada com prazos e demandas. Como ação, ela decidiu tomar o controle de sua agenda. Começou a usar técnicas de priorização, como a Matriz de Eisenhower, para distinguir tarefas urgentes e importantes. Como resultado, ela conseguiu reduzir o estresse, melhorar sua produtividade, encontrar tempo para a família, praticar *hobbies* e investir no seu desenvolvimento pessoal.

Nesse outro caso, um aluno que era empreendedor percebia que suas crenças limitantes estavam bloqueando seu crescimento. Dentre elas, estavam as crenças de que dinheiro era maldição, e que todas as pessoas eram desonestas. Como ação, ele buscou ajuda em meu programa de mentoria, para identificar e reprogramar essas crenças. Como resultado, ele notou um aumento significativo em sua confiança e capacidade de tomar decisões estratégicas, fazer parcerias de negócio e cuidar melhor das suas finanças.

Em uma palestra sobre prevenção contra o suicídio, uma participante disse que lutava com problemas de saúde devido ao estresse e à depressão. Posteriormente, ela relatou que havia implementado uma rotina diária de meditação e exercícios físicos, seguindo a filosofia do equilíbrio entre corpo e mente. E como resultado, ela experimentou uma melhora notável em sua energia, disposição, saúde física e mental, o que impactou positivamente sua performance profissional.

Filosofia do estoicismo e autoliderança

O estoicismo, uma filosofia antiga, oferece ensinamentos valiosos para a autoliderança. Baseado em princípios de autocontrole, resiliência e racionalidade, o estoicismo nos ajuda a manter o equilíbrio e a clareza em momentos de adversidade, habilidades fundamentais nos tempos atuais.

- Princípio do autocontrole: esse princípio consiste em concentrar-se apenas no que você pode controlar e aceitar o que não pode. "Não nos perturbamos com os eventos, mas com nossa interpretação deles," disse o filósofo estoico Epicteto (2007). Ao adotar essa mentalidade, você pode direcionar sua energia para ações produtivas em vez de se preocupar com o que está além do seu alcance.

- Princípio da resiliência: os estoicos acreditavam que a adversidade era uma oportunidade para desenvolver virtudes como coragem e sabedoria. Encarar os seus desafios como oportunidades de crescimento pessoal é um componente essencial da autoliderança.

- Princípio da racionalidade: os estoicos enfatizavam, também, a importância de usar a razão para tomar decisões. Isso envolve manter a calma, avaliar as situações com clareza e agir de forma ponderada, em vez de impulsiva.

Ação e reflexão: integrando os princípios

Para implementar esses princípios e liderar melhor a si mesmo, é importante desenvolver um processo contínuo de ação e reflexão:

1. Identificação e avaliação: identifique áreas da sua vida em que você sente falta de controle e avalie suas crenças e seus hábitos atuais.
2. Planejamento e implementação: desenvolva um plano de ação baseado nos princípios estoicos, focando o que você pode controlar.
3. Reflexão e ajuste: reflita regularmente sobre suas ações e seus resultados, ajustando conforme necessário para melhorar continuamente.

A autoliderança é uma habilidade essencial para qualquer pessoa que deseja prosperar em um mundo em constante mudança. Mas, ela é uma jornada, um processo de evolução contínua e, muitas vezes, lenta. Todavia, refletindo e aplicando os conceitos e orientações deste capítulo, com o passar do tempo a sua vida será transformada. Você pode desenvolver a capacidade de influenciar seus próprios pensamentos, comportamentos e emoções. Ao tomar as rédeas da sua vida, você não só alcançará seus objetivos profissionais, mas também experimentará uma transformação pessoal profunda e duradoura. O profissional do futuro não será aquele que domina as máquinas, mas aquele que domina a si mesmo.

Referências

ACHOR, Shawn. *O jeito Harvard de ser feliz*: o curso mais concorrido de uma das melhores universidades do mundo. São Paulo: Benvirá, 2023.

EPICTETO. *Manual de Epicteto*. Trad. Edson Bini. São Paulo: Edipro, 2007.

GOLEMAN, Daniel. *Inteligência emocional*: a teoria revolucionária que redefine o que é ser inteligente. 2. ed. Rio de Janeiro: Objetiva, 2012.

HILL, Napoleon. *Quem pensa enriquece*. Curitiba: Fundamento, 2015.

MURPHY, Joseph. *O poder do subconsciente*. 100. ed. Trad. Ruy Jungmann. Rio de Janeiro: BestSeller, 2020.

VIEIRA, Paulo. *O poder da ação*: faça sua vida ideal sair do papel. São Paulo: Gente, 2015.

"Você é a mudança que procura; ao dominar seus pensamentos, você transforma sua vida e influencia o mundo ao seu redor."

Ebiron Augusto

EZEQUIEL ROSA

Meu nome é Ezequiel Rosa, casado com a amada Tatiane e pai do incrível Enzo. Sou mentor, palestrante e escritor. Apaixonado por desvendar os mistérios da mentalidade humana e apoiar as pessoas a encontrarem no inconsciente a chave para uma nova versão. Minha visão de futuro é servir de inspiração para pessoas que desejam ter uma vida leve, harmoniosa e próspera.

Acumulei mais de vinte mil horas de dedicação na reestruturação de negócios e restauração de relacionamentos e impactei mais de sessenta mil pessoas em palestras e mentorias.

Sou fundador da empresa Buscador de Respostas e será um prazer imenso conduzi-lo(a) nessa jornada de autodescoberta para que você encontre a sua melhor versão.

obuscadorderespostas

+55 (54) 98123-0003

falecom@obuscadorderespostas.com.br

A PROFISSÃO DO **FUTURO**

11 A LIBERDADE DE SER QUEM VOCÊ É

Por Ezequiel Rosa

Olhe para a sua direita, olhe para a sua esquerda e perceba o seu ambiente. Ele é mais aberto ou mais fechado? Ele é mais claro ou mais escuro? Ele é mais arejado ou é mais abafado? Agora eu quero que você me responda: olhando para esse ambiente, você se sente livre ou preso(a)?

Durante esse momento juntos nesta leitura, quero lhe mostrar que uma prisão não necessariamente é fria, úmida, fechada, insalubre e cheia de grades, e que a pior prisão a que o ser humano pode se submeter não é aquela que priva o seu ir e vir, ela não tem correntes e muito menos grades, mas sim aquela que o(a) priva de ser quem você é.

Mas, antes de mergulharmos nessa leitura, quero que você traga dois aliados para fazer a leitura conosco: papel e caneta. Esses dois aliados irão ajudá-lo(a) a registrar as suas principais **decisões**, que vão guiá-lo(a) para uma vida livre e leve, ok?

Aqui você vai encontrar muitas percepções sobre o seu estado atual e do seu estado futuro, entretanto somente percepção não muda o jogo, o que realmente irá mudar o jogo é a decisão. Escreva aí: "A partir de hoje eu decido que ______" e anote todas as suas decisões durante a nossa jornada.

Vivemos em uma sociedade em que a pressão para se encaixar às expectativas alheias é constante. Desde cedo, somos ensinados a nos moldar para agradar e não frustrar os outros, seja na família, na escola ou no trabalho. Desde a infância, somos condicionados a buscar a aprovação externa, o que nos leva a adotar comportamentos e atitudes que não condizem com nossos objetivos de vida. Essa busca incessante por aceitação pode nos levar a entregar ao outro uma versão "adaptada" de nós mesmos, resultando na perda de nossa verdadeira liberdade.

A identidade é formada por nossas crenças, nossos valores, nossas emoções e nossos comportamentos. Quando deixamos de viver de acordo com nossa verdadeira essência para nos adaptar às expectativas dos outros, perdemos nossa liberdade. Isso nos afasta das coisas naturais da vida, como riqueza, prosperidade e saúde. Essa desconexão pode causar danos físicos, mentais e emocionais, pois viver de uma maneira que não reflete quem realmente somos resulta em sofrimento e desequilíbrio.

Imagine um jovem que, desde cedo, é incentivado a seguir uma carreira que não reflete seus verdadeiros interesses. Ele pode acabar se tornando um profissional bem-sucedido aos olhos da sociedade, mas internamente sente um vazio e uma desconexão com sua verdadeira essência. Agora, pare e reflita sobre suas próprias escolhas: você está onde realmente queria estar? Quais foram as condicionantes que influenciaram suas decisões? Por exemplo, você queria fazer Medicina, mas escolheu Administração porque era o que seus pais podiam pagar? Tornou-se veterinário(a) porque era o sonho do seu pai? Ou talvez tenha se tornado funcionário público porque sua mãe acreditava que o melhor para você era estabilidade?

Pergunte-se: o que você teria feito ou escolhido se nada o(a) condicionasse? Nem pais, nem dinheiro, nem distâncias... Se todas as opções estivessem abertas e você pudesse seguir seu verdadeiro desejo, qual caminho teria trilhado? Afinal, tudo aquilo que o condiciona, aprisiona você.

A pressão por resultados pode nos levar a adotar comportamentos e estilos de vida que não condizem com nossa verdadeira natureza. Isso pode incluir desde a escolha de roupas e estilos de vida até opiniões e crenças que não refletem verdadeiramente quem somos.

Desde a infância, nossas experiências começam a moldar nossa mentalidade. As interações com nossos pais, familiares e amigos desempenham um papel crucial na formação de nossa identidade. Tudo aquilo que vimos, ouvimos e sentimos repetidamente ou sob forte impacto emocional cria trilhas neurais em nosso cérebro e, por consequência disso, vai determinando padrões de pensamento, sentimento e atitudes.

Essas trilhas são forjadas pelo significado de dor (apenas significado, não necessariamente a vivência da dor), pelas experiências da criança que na vida adulta projeta nos acontecimentos do dia a dia o significado análogo ao vivido na infância, trazendo à tona medos e inseguranças.

Certamente você conhece alguém, ou esse alguém é quem está lendo este livro, que tem medo de ser visto como fraco. Essa pessoa acaba adotando uma postura rígida e controladora, tentando manter tudo sob o seu controle para evitar ao máximo a dor da vulnerabilidade. A grande necessidade de manter essa postura o(a) impede de se conectar verdadeiramente com os outros e com suas próprias emoções.

Anote isso: **ser livre é saber usar a ferramenta certa, no lugar certo, pelo tempo necessário**. Ser rígido e controlador não é ruim, mas ser assim o tempo todo e com todos é prejudicial. Ser amoroso e acolhedor é bom, mas ser assim o tempo todo e com todos não faz de você uma pessoa boa, mas sim "boazinha".

A liberdade começa quando você reconhece quais são as suas verdadeiras necessidades e capacidades. Enquanto você não estiver com as suas necessidades atendidas, você estará sempre se sentido vazio, fraco, incompleto, desprotegido e incompetente. Enquanto você não reconhecer suas capacidades, você sempre estará se sentindo improdutivo e ineficiente utilizando as ferramentas erradas nas horas erradas.

Quando você conhece as suas necessidades, você começa a buscar atendê-las nas fontes certas e nos ambientes certos. Depois de vários anos ajudando colaboradores e empresários a terem melhor desempenho em suas carreiras e seus negócios, percebi que muitos destes projetam as suas necessidades de atenção, aprovação e validação que não tiveram na infância dentro do ambiente de trabalho, causando relações de dependência (prisão) em mão dupla e fazendo com que o negócio não prospere.

Vá para o ambiente de trabalho para alimentar a sua necessidade de aprendizado, de crescimento, de competição, de gerar valor. O maior erro das pessoas é projetar no trabalho o atendimento da necessidade de felicidade. Felicidade é identidade e não capacidade. A dica que eu dou é: aprenda a ser feliz com o trabalho e não no trabalho.

Alguma vez você deixou de dar uma ideia por medo de ser "zoado"? Alguma vez você deixou de demonstrar um sentimento genuíno pelo medo de ser visto como fraco? Alguma vez você deixou de fazer algo por medo de se expor? Se você não avançou pelo menos uma vez em pelo menos um tipo de situação foi porque a liberdade de pensar, de sentir ou de agir estava cerceada. Essas liberdades são pilares que sustentam nossa identidade e bem-estar.

Convido você a refletir sobre como essas liberdades se manifestam em sua vida e identificar possíveis limitações. Estou realmente pensando por mim mesmo ou aceitando as opiniões dos outros sem questionar? Em quais ambientes e na presença de quais pessoas minhas ideias são limitadas ou influenciadas? Estou permitindo que minhas emoções sejam sentidas e expressas livremente, ou sinto que preciso reprimi-las em certas situações, ambientes ou na presença de determinadas pessoas? Estou agindo de acordo com meus próprios valores e desejos ou estou me adaptando para agradar os outros? Em quais contextos sinto que minha liberdade de agir é restringida? Quais pessoas ou circunstâncias estão limitando minha capacidade de agir de maneira autêntica?

A dependência emocional[1] , como uma "carcereira", impede a manifestação de suas ideias e sentimentos autênticos, moldando suas ações para agradar os outros. Ela recebe ordens das suas relações com cônjuge, pais, filhos, amigos, parentes (vivos ou mortos), colegas de trabalho, da espiritualidade, da riqueza e da honra, determinando se você permanece livre ou preso.

A identidade é a semente, a capacidade é o tronco e o merecimento é o fruto. Se o fruto não está bom, melhore a qualidade da sua semente. Melhore a qualidade da sua semente melhorando a qualidade das suas relações. O que você faria se não tivesse medo de desagradar?

Ter problemas financeiros pode ser comum, mas não é normal. Ter problemas de relacionamento pode ser comum, mas não pode ser normal. Ter problemas de saúde pode ser comum, mas não é e nunca deve ser encarado como normal.

1 A dependência emocional pode ser passiva ou ativa. Na forma passiva, seu núcleo emocional é invadido, causando desordem nas suas percepções e distorcendo sua forma de pensar, sentir e agir. Na forma ativa, você invade o núcleo emocional de outra pessoa, causando a mesma desordem e distorção nas liberdades do outro.

Foi quando busquei respostas para essas questões que desagradei muitas pessoas. No entanto, não só encontrei o que precisava para ter uma vida mais próspera, um casamento blindado e uma saúde fortalecida, como também descobri o caminho para, com meu conhecimento e minha história de vida, apoiar outras pessoas a encontrarem as respostas que tanto precisam. Assim, elas podem deixar de viver na pior prisão: aquela que não tem grades, mas que priva você de ser quem você verdadeiramente precisa ser.

Assim que terminar a leitura deste capítulo, siga-me no Instagram @obuscadorderespostas, tire uma foto e poste nos seus *stories* me marcando. Compartilhe a principal decisão que eu ajudei você a tomar. Ficarei muito feliz em saber como o(a) ajudei, e certamente a sua postagem irá inspirar outras pessoas a buscarem a liberdade.

Você se identificou com alguma das prisões emocionais mencionadas? Sente que algo ainda impede você de ser quem realmente é? Quanto tempo mais você está disposto(a) a viver preso(a) a essas limitações? Quanto isso está custando para sua felicidade, suas relações e seu sucesso profissional? Tem algo que você não acha normal e ainda não encontrou uma solução?

Tenho ajudado várias pessoas com nossas metodologias de análise comportamental, dando clareza a elas de como elas funcionam e como elas podem atuar de modo a proteger a sua identidade, e também por meio dos protocolos de limpeza do núcleo emocional e de eliminação do medo. E para mudanças mais rápidas e significativas, aplicamos nossos processos de reprogramação de crenças limitantes que prendem as pessoas ao seu jeito errado de funcionar.

Antes de passar para o próximo capítulo, respire fundo e envie-me um "Oi" no WhatsApp ou Instagram. Será um prazer ajudá-lo(a)!

"Ser quem você é lhe dá a liberdade de criar suas oportunidades e jamais ficar na fila à espera de uma."

Ezequiel Rosa

FERNANDA MELO

Meu nome é Fernanda Melo, tenho 28 anos e sou jornalista. Desde a minha infância, a comunicação está presente em minha vida. Sou grata por ter ao meu lado pessoas incríveis que moldaram minha trajetória. Meus avós, Maria Sebastiana e José Elias, despertaram meu fascínio por ouvir e relatar histórias. Escolhi cursar Jornalismo em homenagem a eles. Minha mãe, Valdete Melo, sempre me motivou a me comunicar bem. Agradeço também à Flavia Barreto, pela torcida incondicional, aos meus familiares, amigos e alunos. Como mentora de oratória, realizo aulas individuais, cursos, palestras e treinamentos. Especialista em *storytelling* e assertividade, acredito que falar bem é crucial para alcançar a alta performance. Convido todos a conhecerem meu trabalho nas redes sociais.

pensa.mentoria

12

O ÓBVIO VALE MAIS QUE OURO: ESTRATÉGIAS DE ALTA PERFORMANCE

Por Fernanda Melo

Olá, sou Fernanda Melo e estou entusiasmada em compartilhar com vocês algumas estratégias de alta performance que considero essenciais para o futuro das profissões. Neste livro, *A profissão do futuro*, abordo um tema que considero fundamental: a comunicação.

Inicialmente, precisamos compreender que a comunicação não se restringe mais ao ambiente de trabalho. Ela permeia todos os aspectos de nossa vida pessoal e profissional, em que construímos relações significativas e buscamos compreensão mútua. A capacidade de se expressar de maneira persuasiva e concisa não apenas facilita a colaboração e a resolução de problemas, mas também fortalece vínculos interpessoais e impulsiona o sucesso em diversas áreas.

A pandemia da Covid-19 trouxe à tona a importância vital de um discurso claro e empático. Em agosto de 2020, a *Folha de S. Paulo* destacou a comunicação como a habilidade mais valorizada pelos empregadores, sublinhando sua relevância crescente em um mercado de trabalho competitivo e em constante evolução (Blum, 2020).

Quando tratamos de alta performance e do futuro das profissões, observamos que a capacidade de desenvolver diálogos efetivos tornou-se não apenas uma vantagem competitiva, mas um pré-requisito. Em um mundo onde a conexão humana e a adaptação rápida são vitais, aqueles que não dominam essa habilidade estão, sem dúvida, em desvantagem. Comunicar-se verdadeiramente bem não é apenas sobre transmitir informações, mas sobre criar impacto emocional, inspirar confiança e promover mudanças positivas. É por meio de uma estrutura de discurso coesa que construímos pontes, superamos desafios e avançamos em direção a um futuro mais inclusivo e colaborativo.

Performar significa alcançar resultados excepcionais de maneira consistente, superando expectativas e padrões convencionais em todas as áreas da vida. Isso envolve competências como estabelecer metas claras, manter disciplina rigorosa, gerenciar eficientemente tempo e energia e buscar constantemente melhorias. Encontrar esse equilíbrio saudável é importante para garantir sucesso sem comprometer o bem-estar e a felicidade.

Quando falamos de assertividade, o autoconhecimento é imprescindível. Em qualquer decisão ou escolha que fazemos, entender nossos interesses e nossa vocação é básico. Sem essa clareza, é fácil ficar estagnado. Conhecer a si mesmo e compreender em que podemos nos destacar é crucial. Desde cedo, descobri essa distinção ao me envolver de maneira real e atenciosa com as pessoas. Meu prazer em contar histórias desde a infância preparou-me para fazer o que mais amo: transmitir ideias e conectar pessoas por meio das palavras.

Certa vez, em uma conversa com uma mentorada muito especial, percebemos que o óbvio valia mais do que ouro. Muitas vezes, esforçamo-nos para criar algo grandioso e surreal, quando, na verdade, o simples pode ser a solução mais eficaz. "Óbvio" refere-se a algo facilmente compreensível ou perceptível. Na busca pela alta performance, não precisamos complicar as coisas com soluções mirabolantes. Às vezes, a complexidade está em tornar o simples poderoso. "Eureka"!

A quem chegou até aqui, apresento cinco passos práticos para transformar sua performance na comunicação:

1. Autoconhecimento: antes de se comunicar, é essencial conhecer suas paixões, pontos fortes e áreas de melhoria. Explorando profundamente minhas habilidades e meus interesses pessoais, descobri como alinhar meu trabalho com minha verdadeira vocação, o que fortalece minha autenticidade ao me comunicar.

2. Assertividade: comunicar de forma clara e direta, sem ser agressivo nem passivo, é fundamental. Imagine uma situação em que você precisa expressar uma opinião forte, mas, ao mesmo tempo, construtiva. **Assertividade não significa estar sempre certo, mas buscar um equilíbrio entre clareza e respeito mútuo.**

3. *Storytelling*: contar histórias é uma ferramenta poderosa para envolver e persuadir. Escrevendo meu próprio "Sobre mim" descobri como histórias pessoais podem ilustrar valores essenciais e inspirar conexões profundas com a audiência.

4. Escuta ativa: comunicação eficaz não se trata apenas de falar, mas também de ouvir com atenção. Seguindo a regra CHA (**comunhão – humildade – afinidade**), ao me apresentar, busco criar uma conexão autêntica; ao ajustar minha linguagem à audiência, demonstro humildade e adaptabilidade; ao mostrar afinidade, construo um vínculo baseado na empatia mútua.

5. Prática contínua: aprimore suas habilidades pela prática constante e pelo *feedback*. Por exemplo: participar de simulações de comunicação ajudou-me a ganhar confiança e adaptabilidade em diferentes contextos.

Esses passos não são apenas teóricos; são exercícios que podem ser aplicados no dia a dia para melhorar significativamente sua performance e mensagem. Ao entender como cada um desses conceitos se aplica em situações cotidianas, você desenvolverá atitudes que fazem real diferença em seu ambiente profissional e pessoal.

Eu tinha tudo para não estar escrevendo este capítulo hoje, porque, por muito tempo, evitei me comunicar. Bastou, porém, experimentar os primeiros benefícios que a comunicação pode proporcionar para que eu não quisesse saber de outra coisa, a não ser me aperfeiçoar cada vez mais.

Convido você agora a tirar um tempo para uma reflexão: o que você perdeu por não se comunicar bem ou por não ter um bom desempenho? Preencha no campo a seguir o que você pretende mudar.

____

____

____

____

____

____

____

Identificar pontos fortes na minha personalidade e na minha vida foi definitivo. Sempre tive uma paixão por histórias e foi na faculdade de

Jornalismo que me aproximei de pessoas incríveis. A alta performance, para mim, vai além do profissionalismo. Envolve criar uma ambiência que inspira e eleva.

Observando as pessoas ao meu redor, descobri meu próprio potencial, mas admito que, por vezes, eu me senti hipócrita. Ensinava assertividade, mas não me sentia assertiva. Foi então que decidi parar, olhar ao meu redor e analisar quem eu queria ser. A partir daí, passei a ouvir mais do que falar, acreditando que a natureza não erra e que, por isso, temos dois ouvidos e uma boca.

Sempre gostei de resultados concretos, apesar de ser mais inclinada às humanidades do que às exatas. Gosto da certeza que vem de colocar em prática o que aprendo, tirando a prova dos nove, como se diz. Essa busca pela autenticidade levou-me a desenvolver meu próprio método, o método 3Ps: **planejamento, percepção e poder**. Método esse que tem como letra principal o P de profissão do futuro e de performance.

O planejamento é crucial para você recuperar a confiança. Essencial para avançar na comunicação. Sem ele, ficamos presos no ciclo do perfeccionismo, que não se alinha ao bom desempenho nem à verdadeira conexão com os outros. A percepção é o segundo P. Lembrando que entender como somos percebidos é tão importante quanto conhecermos a nós mesmos. E o poder, por fim, é tudo aquilo que validamos com a nossa performance, desde a linguagem corporal até a marca pessoal que deixamos em cada ação.

Um bom comunicador não apenas transmite informações de maneira clara, como também tem destreza para formular perguntas que estimulam reflexões e entendimentos mais profundos. Percebam como isso se reflete na narrativa que acabei de compartilhar, seguindo os cinco passos práticos para transformar a sua comunicação que deixei aqui para vocês. Seria isso, então, o óbvio.

Enquanto a tecnologia avança, a capacidade humana de estabelecer conexões significativas por meio da comunicação permanecerá um diferencial crucial. Atualmente, nas redes sociais, encontramos muitas "receitas" para alta performance:

- 1 pitada de acordar cedo;
- 2 xícaras de prática de exercícios;
- 1 colher de manter uma alimentação saudável;
- 1 xícara e meia de descobrir talentos;
- 1 colher de sopa de ensinar pessoas.

No entanto, a alta performance vai muito além disso. Não existe manual. Se você não se conhece, não entende sobre sua originalidade, todas essas dicas podem se tornar vazias.

Em resumo, a alta performance está intimamente ligada à comunicação estratégica e humanizada. A profissão do futuro demandará profissionais que não apenas falem, mas que saibam comunicar de maneira autêntica.

Lembrem-se: o óbvio vale mais que ouro. Agradeço a oportunidade de compartilhar essa visão, junto a outros brilhantes coautores na construção desta obra. Obrigada por estarem comigo nessa jornada em busca da excelência. Que possamos juntos explorar o poder da comunicação e alcançar níveis elevados de performance em nossas vidas, ontem, hoje e amanhã.

Referência

BLUM, Bárbara. Comunicação vira a habilidade mais valorizada por empregadores. *Folha de São Paulo*, São Paulo, 21 ago. 2020. Disponível em: https://www1.folha.uol.com.br/sobretudo/carreiras/2020/08/comunicacao-vira-a-habilidade-mais-valorizada-por-empregadores.shtml. Acesso em: 9 ago. 2024.

“O óbvio vale mais que ouro: a verdadeira sabedoria está em reconhecer e valorizar as soluções simples, que muitas vezes são as mais eficazes.”

Fernanda Melo

Créditos: Luana Sand Fotografias.

GIANNA CREMONTTI

Sou Gianna Cremontti, gaúcha, casada há dezessete anos com Alberfran Cremontti, mãe da Lara Cremontti, apaixonada pela família e por Deus.

Sou graduada em Letras Português-Inglês e respectivas literaturas há dezesseis anos, graduada em Design de Moda há doze anos e especialista em Ciência da Felicidade pelas universidades de Yale (EUA), Pennsylvania (EUA) e PUC/RS, assunto que realmente faz meus olhos brilharem e meu coração bater mais forte.

Amo o Brasil, mas posso dizer que já tive experiências incríveis morando em outros países, como Estados Unidos e Canadá, lugares que me permitiram criar uma bagagem valiosa de conhecimentos.

Hoje, vivo o estudo da felicidade segundo a Psicologia Positiva, levando-o ao mundo por meio das minhas redes sociais e de palestras.

giannacremontti

+55 (54) 98152-1005

A PROFISSÃO DO **FUTURO**

13

FELICIDADE NO TRABALHO

Por Gianna Cremontti

De Aristóteles a escritores de autoajuda, por todos os cantos, em todos os tempos, felicidade é tema de reflexões e, sem dúvida, o objetivo final de todos os seres humanos. Só que um assunto que, antes, era exclusivo à vida pessoal, ampliou seus horizontes, virou estudo de pesquisas internacionais e entrou em campos como o da educação, das finanças, das empresas e ganhou destaque e reconhecimento na Organização das Nações Unidas (ONU). Mas ser feliz sempre foi, além de um objetivo, uma incógnita. Afinal de contas, o que significa ser feliz? O que realmente traz felicidade?

Foi por meio desses questionamentos e da forte crítica à psicologia tradicional, focada exclusivamente nas patologias psíquicas, que no final dos anos 90 Martin Seligman, professor na Universidade da Pensilvânia, pesquisador e ex-presidente da Associação Americana de Psicologia, criou a Psicologia Positiva, carinhosamente chamada de Ciência da Felicidade. Esse movimento científico surgiu com o objetivo de explorar o que faz a vida valer a pena e produzir condições para isso.

Mas como falar em felicidade na vida pessoal sem falar em felicidade no trabalho? Como ser feliz como um todo sem ser feliz no meio organizacional? As pessoas dedicam grande parte das suas vidas ao trabalho, em média são mais de 110.000 horas trabalhadas durante a vida, e encontrar prazer e satisfação no que fazem é primordial para uma vida mais feliz.

Muitas empresas ainda têm a crença de que a felicidade é a recompensa do resultado, que primeiro é preciso trabalhar duro para então conseguir o sucesso, e só então será possível encontrar a felicidade. Nas últimas décadas, no entanto, uma série de pesquisas científicas têm mostrado que a ordem da equação não é essa. Ao contrário do que se pensava, pesquisas concluíram que as pessoas precisam se sentir felizes, em primeiro lugar, para só então alcançar o sucesso, incluindo aí o profissional (Lyubomirsky; King; Diener, 2005).

A felicidade no trabalho vai além do simples contentamento e do bem-estar momentâneo. Ela compreende um sentimento profundo de realização, propósito e satisfação ao realizar as tarefas diárias, o que impacta diretamente a qualidade do trabalho, os resultados obtidos e a saúde mental dos profissionais. É preciso encontrar significado e sentido na profissão, experimentando um senso de contribuição para algo maior do que a si mesmo.

Trabalhar não é só uma combinação de esforço e dedicação em busca de bons resultados, o trabalho também deve conter uma boa dose de felicidade, saúde e bem-estar, requisitos capazes de aumentar o desempenho dos funcionários e ajudá-los a crescer como profissionais e seres humanos. Devido aos avanços em neurociência, psicologia e economia, a busca pela felicidade no trabalho ganhou protagonismo e tem se tornado uma tendência no mundo corporativo, além de ser alvo de muitas pesquisas na psicologia positiva.

De acordo com um estudo da Gallup, empresas com funcionários felizes têm 50% menos acidentes. Já uma pesquisa da Harvard Business Review mostrou que colaboradores satisfeitos são 31% mais produtivos, 85% mais eficientes e 300% mais inovadores (Centofanti, 2023). Esses resultados são tão impactantes no meio corporativo que as empresas têm criado e ampliado o cargo de diretor de felicidade, ou *Chief Happiness Officer* (CHO), conceito que surgiu na Dinamarca, em 2003, com o objetivo de promover mudanças positivas e duradouras no ambiente corporativo.

Apesar de termos muitos motivos para levar a sério esse método, o Brasil está apenas dando seus primeiros passos na prática, que chegou aqui há poucos anos. Segundo recente estudo da Organização Mundial da Saúde (OMS), somos o país mais ansioso do mundo e vivemos uma epidemia de ansiedade (Novaes Lipp *et al.*, 2020). Ainda levamos a medalha de segundo lugar em *burnout*, conforme uma pesquisa da International Stress Management Association (Isma-BR) (Bernardo, 2022). Esses resultados nos provam, sem dúvida, a grande necessidade de investirmos no bem-estar e na felicidade dos funcionários, por meio de práticas efetivas capazes de trazer mais leveza e satisfação ao ambiente organizacional.

Grandes doenças relacionadas à saúde mental, como depressão, ansiedade, *burnout*, solidão e déficit de atenção, destacam-se no século XXI e são a terceira maior causa de afastamento do trabalho no Brasil, segundo Observatório de Segurança e Saúde do Trabalho (Modesto, 2023). Dessa forma, a criação de um ambiente saudável e que inclua a segurança psicológica contribui para a sustentabilidade da empresa. Portanto, qualidade e confiança nos relacionamentos, dentro do negócio, seriam o maior requisito para a felicidade no trabalho, no entanto, sabemos que eles são escassos nesses ambientes.

Em março de 2023, a empresa de consultoria Robert Half realizou uma pesquisa para entender como empresas e trabalhadores se sentem em relação ao trabalho. O estudo mostrou que 89% das empresas reconhecem que os resultados estão diretamente ligados à felicidade dos colaboradores (Half, 2023). O estudo mostra ainda que 79% dos profissionais se sentem, de modo geral, felizes com o trabalho. E os cinco principais fatores que promovem esse sentimento são: gostar muito da profissão (69%), bom equilíbrio entre vida pessoal e profissional (62%), ser tratado com igualdade e respeito (58%), sentir orgulho da organização (53%) e sentir-se realizado com o trabalho (51%). Por outro lado, os colaboradores que estão infelizes assumem que o sentimento gera consequências negativas no dia a dia. Segundo esses colaboradores, os principais impactos são falta de motivação (100%), implicações psicológicas (87%), forte abertura a novas oportunidades de trabalho (81%), baixa proatividade (72%) e postura pouco empática com colegas de equipe (58%).

Nos últimos anos, os profissionais desenvolveram um entendimento mais maduro em relação às suas prioridades e exigências no trabalho, e elas estão cada vez mais ligadas a atitudes, valores e crenças, e não somente a salários e benefícios financeiros. De acordo com os profissionais que participaram da pesquisa, o papel dos líderes no fortalecimento da felicidade é extremamente relevante, 94% deles acreditam que a satisfação no trabalho é influenciada pela atuação da liderança. E, dentro desse grupo, 50% consideram que a liderança é um ponto essencial na conquista da felicidade no trabalho.

É possível construir uma cultura organizacional positiva e de alta performance, capaz de atrair e reter talentos, através de algumas ações que sejam capazes de aumentar a satisfação dos funcionários dentro das empresas, as quais veremos a seguir:

1. Treine os líderes

Como vimos, é extremamente importante o papel da liderança na construção do sentimento de felicidade no trabalho. Ao mesmo tempo, os líderes têm muitas responsabilidades diferentes e nem sempre conseguem ter tempo para investir em conhecimentos e técnicas sobre a felicidade corporativa. Esse é um dos motivos de atualmente ser comum vermos, em empresas maiores e preocupadas com o bem-estar dos funcionários, um líder voltado exclusivamente para a promoção da felicidade nas empresas. Esse líder ajuda a empresa a construir um ambiente de segurança psicológica e a definir seu propósito, além de trabalhar com questões importantes para um ambiente de trabalho mais feliz e saudável.

2. Reconheça os colaboradores

Valorizar a contribuição de cada funcionário, individual e coletivamente, mantém a motivação e o engajamento deles. É fácil apontar os erros e cobrar melhorias, mas dar a atenção devida aos progressos é algo que costuma ser ignorado. É preciso dizer que essa valorização vai além de elogios, mas se trata de ações concretas que retribuam o esforço dos colaboradores, como promoções, bonificações e aumento de salário, além de proporcionar um bom clima dentro da empresa e ficar atento, de maneira integral e constante, à felicidade dos colaboradores.

3. Dê atenção à saúde mental

Uma vez que os transtornos mentais estão entre as principais causas de afastamento do trabalho e da queda na produtividade das empresas, esse é um dos aspectos mais importantes na promoção da felicidade no campo organizacional. Ambientes tóxicos não têm funcionários felizes e satisfeitos. As empresas precisam ter um olhar atento para a saúde emocional dos trabalhadores, investindo em programas de saúde mental personalizados.

4. Estimule o equilíbrio entre vida pessoal e profissional

Essa é uma das grandes virtudes das empresas: observar o comportamento dos colaboradores e oferecer suporte emocional e auxílio para os que estiverem com dificuldades em equilibrar vida pessoal e profissional. Essa questão é de extrema importância para evitar o acometimento dos colaboradores pela síndrome de *burnout*, que é um distúrbio psíquico causado pela exaustão extrema, sempre relacionada ao trabalho do indivíduo.

5. Crie planos de carreiras

Segundo uma pesquisa da Exame Academy (Avançar..., [*s.d.*]), essa é uma das maiores prioridades dos funcionários. Dessa forma, as empresas que querem manter seus talentos devem pensar em planos de crescimento atrativos para eles. Profissionais que se destacam estão cada vez mais preocupados com a ascensão de suas carreiras e não pensam duas vezes antes de deixar um local de trabalho quando estão insatisfeitos e em busca de crescimento profissional.

A felicidade no trabalho não é apenas uma tendência passageira, mas sim um assunto que veio para ficar. A tarefa não é fácil, mas os benefícios são significativos e urgentes. É importante que as empresas se dediquem a implementar estratégias para promover a felicidade das equipes e, consequentemente, gerar resultados na criatividade e na inovação, provocar maior engajamento, motivação e desempenho, melhorar a saúde física e o trabalho em equipe. O trabalho tem que trazer felicidade, dinheiro, bons relacionamentos e sentido. É possível trabalhar e se sentir feliz no trabalho.

Comece a transformar o seu próprio ambiente de trabalho em um espaço mais feliz e saudável para todos. Invista na felicidade corporativa e colha os belos frutos de uma equipe motivada, produtiva, satisfeita e mais feliz.

Referências

AVANÇAR na carreira é prioridade para 37% dos brasileiros, diz pesquisa da Exame Academy. *Exame*, [*S.l.*], [*s.d.*]. Disponível em: https://exame.com/carreira/avancar-na-carreira-e-prioridade-para-37-dos-brasileiros-diz-pesquisa-da-exame-academy/. Acesso em: 7 ago. 2024.

BERNARDO, André. Burnout: problema é reconhecido pela OMS e faz cada vez mais vítimas. *Veja Saúde*, São Paulo, 23 mar. 2022. Disponível em: https://saude.abril.com.br/mente-saudavel/burnout-e-reconhecido-pela-oms/. Acesso em: 7 ago. 2024.

CENTOFANTI, Marcella. O peso da felicidade no trabalho. *Você RH*, [São Paulo], 27 jan. 2023. Disponível em: https://vocerh.abril.com.br/saude-mental/o-peso-da-felicidade-no-trabalho/. Acesso em: 7 ago. 2024.

HALF, Robert. *89% das empresas reconhecem que os resultados estão diretamente ligados à felicidade dos colaboradores*. 28 jul. 2023. Disponível em: https://www.roberthalf.com/br/pt/sobre-robert-half/imprensa/89-das-empresas-reconhecem-que-os-resultados-estao-diretamente-ligados-felicidade-dos. Acesso em: 7 ago. 2024.

LYUBOMIRSKY, S.; KING, L.; DIENER, E. The benefits of frequent positive affect: Does happiness lead to success? *Psychological Bulletin*, [*S.l.*], v. 131, n. 6, p. 803-855, 2005. Disponível em: https://pubmed.ncbi.nlm.nih.gov/16351326/. Acesso em: 7 ago. 2024.

MODESTO, Celina. Transtornos mentais são a terceira maior causa de afastamento do trabalho no Brasil. *Justiça do Trabalho*. TRT da 13ª Região (PB). 24 jan. 2023. Disponível em: https://www.trt13.jus.br/informe-se/noticias/transtornos-mentais-sao-a-terceira-maior-causa-de-afastamento-do-trabalho-no-brasil. Acesso em: 7 ago. 2024.

NOVAES LIPP, M. E. *et al*. Stress in Brazil. *International Journal of Psychiatry Research*, [*S.l.*], v. 3, n. 4, p. 1-4, 31 ago. 2020. Disponível em: https://www.scivisionpub.com/pdfs/stress-in-brazil-1272.pdf. Acesso em: 7 ago. 2024.

“O trabalho tem que trazer felicidade, dinheiro, bons relacionamentos e sentido. É possível trabalhar e se sentir feliz no trabalho.”

Gianna Cremontti

GILI CRIS MELO

Sou Gili Cris Melo, natural de Paulo Afonso/BA e atualmente resido em Alphaville/SP com minha família: meu marido João Baummer, com quem sou casada há mais de dez anos, e minha filha Giulia Sophia.

Sou especialista em desenvolvimento humano, treinamentos e vendas, e atuo como coordenadora comercial na Editora Chave Mestra, realizando o sonho de diversas pessoas de se tornarem escritores de grandes obras.

Minha trajetória é marcada por superação e resiliência, trabalhei em diversas áreas, sempre busquei me desenvolver, aprender e gerar soluções. Acredito que o autoconhecimento e o desejo genuíno de ajudar pessoas são fundamentais para alcançar o sucesso e a realização pessoal e profissional.

gilicrismelo

+55 (11) 98199-3518

Gili Cris Melo

gilicrismelo@outlook.com.br

14 DECIFRANDO GERAÇÕES NO AMBIENTE DE TRABALHO

Por Gili Cris Melo

Entender as pessoas é uma habilidade essencial para navegar pelo complexo tecido social da nossa sociedade, especialmente no mundo corporativo. Cada geração traz consigo um conjunto único de valores, crenças e comportamentos, moldados por eventos históricos, avanços tecnológicos e mudanças culturais. Em diversos ambientes, é comum encontrar uma mistura de *baby boomers*, geração X, *millennials* (geração Y), geração Z e, mais recentemente, a geração *Alpha*. Este capítulo explora como essas diferenças geracionais influenciam o comportamento no local de trabalho e os desafios relacionais que surgem entre essas diferentes faixas etárias.

O choque de gerações no ambiente de trabalho pode gerar conflitos e mal-entendidos que afetam a produtividade e o clima organizacional. Cada geração tem suas próprias preferências em termos de comunicação, estilos de trabalho e expectativas de carreira, o que pode levar a dificuldades na colaboração e na compreensão mútua. A falta de entendimento entre as gerações pode resultar em frustração, desmotivação e até mesmo em altos índices de rotatividade de funcionários.

Se esses desafios não forem abordados, as empresas podem enfrentar uma série de consequências negativas. Conflitos não resolvidos podem criar um ambiente de trabalho tóxico, diminuindo a moral e a produtividade dos funcionários. Além disso, a incapacidade de aproveitar as forças únicas de cada geração pode levar a uma perda de oportunidades para inovação e crescimento. Por fim, a alta rotatividade de funcionários pode aumentar os custos operacionais e dificultar a retenção de talentos valiosos.

Baby boomers: os pioneiros do pós-guerra

Os *baby boomers*, nascidos entre 1946 e 1964, cresceram em um período de prosperidade econômica e expansão social após a Segunda Guerra Mundial. Essa geração é caracterizada por uma forte ética de trabalho, lealdade às instituições e um otimismo sobre o progresso e a capacidade humana de superar desafios. Eles valorizam a estabilidade no emprego e a construção de uma vida confortável para suas famílias. No ambiente corporativo, os *baby boomers* tendem a preferir uma estrutura hierárquica clara e valorizam o reconhecimento formal de suas conquistas.

Geração X: os sobreviventes da transição

A geração X, nascida entre 1965 e 1980, testemunhou a transição do mundo analógico para o digital. Caracterizada por um espírito independente e uma forte ética de trabalho, a geração X valoriza a estabilidade e a segurança, mas também busca um equilíbrio entre a vida profissional e pessoal. No ambiente corporativo, eles são céticos em relação à autoridade e preferem ambientes de trabalho flexíveis, que permitam autonomia e liberdade para inovar.

Millennials (geração Y): os nativos digitais

Os *millennials*, nascidos entre 1981 e 1996, cresceram durante a era da internet e das redes sociais. Valorizam a autenticidade e a transparência e muitas vezes são motivados por propósitos além do lucro. No trabalho, eles buscam significado e impacto social e preferem estruturas organizacionais horizontais, que promovam a colaboração e a inovação. No entanto, enfrentam desafios únicos, como a instabilidade econômica e a crescente competitividade no mercado de trabalho, o que pode levar a altos níveis de estresse e ansiedade.

Geração Z: os nativos globais

A geração Z, nascida a partir de 1997, é a primeira geração a crescer completamente imersa no mundo digital. Valorizam a inclusão, a diversidade e a justiça social e estão altamente conscientes das questões ambientais e sociais. No ambiente de trabalho, são empreendedores e inovadores, muitas vezes utilizando plataformas digitais para criar suas próprias oportunidades de negócios. Eles esperam flexibilidade, acesso a tecnologias avançadas e oportunidades de desenvolvimento contínuo.

Geração Alpha: os futuros líderes

A geração Alpha, nascida a partir de 2010, está crescendo em um mundo em que a tecnologia é ainda mais integrada à vida cotidiana do que nunca. Essa geração está exposta a dispositivos inteligentes e tecnologias emergentes desde o nascimento. Eles estão sendo educados em um ambiente onde a aprendizagem é personalizada e impulsionada por dados. Embora ainda estejam em idade escolar, a geração Alpha já demonstra uma familiaridade inata com a tecnologia e um desejo por inovação constante.

No futuro ambiente de trabalho, a geração Alpha provavelmente valorizará ainda mais a flexibilidade e a personalização. Eles buscarão carreiras que permitam o equilíbrio entre vida profissional e pessoal e que ofereçam oportunidades contínuas de aprendizado e desenvolvimento. A adaptação a novas tecnologias será uma segunda natureza para eles, e sua capacidade de pensar criativamente e solucionar problemas será altamente valorizada.

Apesar das diferenças, é possível criar um ambiente de trabalho harmonioso onde todas as gerações se sintam valorizadas e possam colaborar de maneira eficaz. A chave para isso é promover a empatia, a compreensão e a adaptação. Ao reconhecer e valorizar as contribuições únicas de cada geração, as empresas podem aproveitar a diversidade de perspectivas e experiências para impulsionar a inovação e o crescimento.

Estratégias para superar os desafios

1. Educação e sensibilização: promover programas de treinamento que ajudem a entender as diferenças geracionais e a importância da diversidade de perspectivas. Esses programas podem incluir *workshops*, seminários e cursos on-line que abordem os valores e as necessidades de cada geração. É essencial que esses treinamentos sejam contínuos e atualizados regularmente para refletir as mudanças sociais e tecnológicas.

2. Comunicação aberta: incentivar um ambiente de comunicação aberta, em que todos se sintam à vontade para compartilhar suas opiniões e preocupações. Isso pode ser alcançado por meio de reuniões regulares, *feedbacks* construtivos e a criação de canais de comunicação internos que permitam a troca de ideias e sugestões. A escuta ativa e o respeito mútuo são fundamentais para construir essa cultura de comunicação.

3. Flexibilidade e adaptabilidade: implementar políticas de trabalho flexíveis, que atendam às necessidades de todas as gerações, reconhecendo que cada grupo valoriza diferentes aspectos da vida profissional. Isso pode incluir horários de trabalho flexíveis, opções de trabalho remoto e programas de desenvolvimento profissional personalizados. A adaptabilidade também envolve a disposição de ajustar essas políticas conforme necessário, com base no *feedback* dos funcionários.

4. Mentoria intergeracional: criar programas de mentoria que permitam o compartilhamento de conhecimentos e experiências entre as gerações, fortalecendo as relações e promovendo a colaboração. Esses programas podem ser estruturados de várias maneiras, incluindo mentorias formais, grupos de discussão intergeracionais e oportunidades de trabalho em projetos conjuntos. A mentoria reversa, em que funcionários mais jovens ensinam os mais velhos sobre novas tecnologias e tendências, também pode ser benéfica.

5. Valorização da diversidade: celebrar as diferenças e reconhecer as contribuições únicas de cada geração, promovendo um ambiente inclusivo e respeitoso. Isso pode ser feito por meio de campanhas de diversidade e inclusão, eventos culturais e a criação de grupos de afinidade dentro da organização. A valorização da diversidade deve ser uma parte integral da cultura corporativa, refletida em todas as políticas e práticas da empresa.

O impacto da tecnologia nas relações intergeracionais

A tecnologia desempenha um papel crucial nas relações entre as gerações. Enquanto *baby boomers* e geração X tiveram que se adaptar à rápida evolução tecnológica, *millennials*, geração Z e geração *Alpha* cresceram em um ambiente digital. Essa diferença pode criar uma lacuna em termos de habilidades e preferências tecnológicas, mas também oferece uma oportunidade para a colaboração e a aprendizagem mútua.

Millennials, geração Z e geração *Alpha*, sendo nativos digitais, são frequentemente mais ágeis e inovadores no uso da tecnologia. Eles utilizam ferramentas digitais para melhorar a produtividade, conectar-se com colegas e promover a criatividade. Por outro lado, *baby boomers* e geração X podem oferecer uma perspectiva valiosa sobre como equilibrar a tecnologia com as interações pessoais e a ética de trabalho tradicional.

O papel da liderança na mediação de conflitos geracionais

A liderança tem um papel fundamental na mediação de conflitos geracionais e na promoção de um ambiente de trabalho harmonioso. Líderes eficazes reconhecem as diferenças entre as gerações e trabalham para criar um espaço onde todos se sintam valorizados e incluídos. Isso envolve a promoção de uma cultura de respeito mútuo, a implementação de políticas inclusivas e a facilitação de diálogos abertos.

Líderes devem também estar atentos às necessidades individuais dos funcionários e ser proativos na resolução de conflitos. Isso pode incluir a facilitação de sessões de mediação, a oferta de treinamento em resolução de conflitos e a promoção de práticas de trabalho colaborativas. A liderança empática e inclusiva é essencial para garantir que todas as gerações possam trabalhar juntas de maneira eficaz e harmoniosa.

Para promover um ambiente de trabalho verdadeiramente inclusivo e colaborativo, comece por implementar algumas das estratégias mencionadas anteriormente em sua organização. Realize *workshops* sobre diversidade geracional, incentive a comunicação aberta e estabeleça programas de mentoria. Ao fazer isso, você não só melhorará o clima organizacional, como também abrirá caminho para a inovação e o crescimento sustentável. A compreensão e a valorização das diferenças geracionais não são apenas uma questão de respeito, mas sim uma estratégia essencial para o sucesso a longo prazo no mundo corporativo.

“A verdadeira liderança manifesta-se quando conseguimos harmonizar as diferenças e valorizar as contribuições únicas de cada geração.”

Gili Cris Melo

GISELDA MENEGUEL

Sou apaixonada pela vida, valorizo a família da qual eu nasci e sou grata pela família que construí ao lado do meu esposo Cristiano e dos meus filhos Maria Eduarda e Emanuel.

Com formação na área administrativa, pós-graduada em Gestão de Pessoas, com formação em *Coaching* e certificação em Gestão de Mudanças, descobri que, liderando a mim mesma, eu me tornei referência em minha área de atuação. Foi assim, por meio da minha vivência na prática, com mais de quinze anos de experiência na área de Gestão de Pessoas, que me tornei mentora de líderes, comprovando que o diferencial está na atuação da estratégia do negócio e ao lado das pessoas.

giseldameneguel.mentora

giseldafernandesmeneguel

Giselda F. Meneguel

https://giseldameneguel.com.br/

A PROFISSÃO DO **FUTURO**

15

PRINCÍPIOS DE *COACHING* PARA LÍDERES

Por Giselda Meneguel

Os princípios de *coaching* para líderes constituem uma abordagem fundamental para a gestão e o desenvolvimento das pessoas em ambientes corporativos, em busca do melhor resultado e sustentabilidade do negócio. Esses princípios servem como fundamentos que direcionam os líderes na habilidade de inspirar, motivar e capacitar seus profissionais. No mundo dinâmico dos negócios, em que a adaptabilidade e a inovação são cruciais, a habilidade de um líder em extrair o melhor das pessoas nunca fez tanto sentido. Ao incorporar práticas como escuta ativa, empatia, estabelecimento de metas claras e *feedback* construtivo, líderes não apenas fortalecem a confiança e a comunicação, mas também promovem um ambiente de aprendizado contínuo e crescimento pessoal de cada indivíduo que faz parte da sua equipe. Esses princípios são vitais para criar um espaço de trabalho colaborativo e engajado, onde todos os membros se sentem valorizados e encorajados a desenvolver seu pleno potencial.

Uma liderança ineficaz pode ter consequências significativas para uma organização, afetando não apenas o desempenho imediato do resultado, mas também a cultura organizacional, tendo como consequência a desmotivação dos colaboradores que formam a equipe. Se a sua liderança é caracterizada por comportamentos e práticas que comprometem a capacidade de liderar de forma inspiradora e motivacional, a ponto de você não conseguir guiar sua equipe de maneira produtiva, então você está sendo afetado pela alta rotatividade de profissionais e pelo desempenho operacional abaixo do esperado.

Tomar decisões sem envolver ou considerar as opiniões da equipe reduz a confiança e o respeito dos profissionais pelo líder, prejudicando o relacionamento e a dinâmica do processo. Aqui começamos a identificar a necessidade de mudança. O processo de transformação para uma liderança obter uma equipe de alta performance inicia pelo seu autoconhecimento, e esse é o grande segredo do sucesso ou do fracasso de muitos profissionais.

Nas próximas páginas, vou compartilhar um pouco mais do meu conhecimento como mentora de líderes, para ajudar você a conquistar sua referência atuando na liderança de si mesmo e dos outros, buscando o resultado organizacional por meio das pessoas.

Minha trajetória consiste em acompanhar os líderes em busca de resultados estratégicos e operacionais pelo trabalho em equipe, pelo comprometimento e pela responsabilidade. Porém, para obter tais habilidades é preciso desenvolvê-las, e tudo começa por você. E foi assim que construí o método Lidere para Liderar, identificando o quanto o "eu" influencia o "outro".

Você entende que não basta ser o melhor especialista da sua área de atuação, mas sim ser a melhor pessoa, capaz de influenciar e formar um verdadeiro time? Você percebe que em sua ausência seus liderados precisam sentir falta da sua pessoa como um direcionador do resultado, um engajador de equipe, um motivador e sustentador da cultura e dos processos estabelecidos, e não de alguém para atuar nas atividades operacionais?

Não se trata de ter um cargo, mas sim de ser essencial para as pessoas que levam você a conquistar esse papel de protagonista. É ainda muito mais do que ter uma formação, é na verdade como e o que você faz com a formação que você conquistou.

Das escolhas que fizemos na vida, uma delas é liderar. Afinal, fazemos milhares de escolhas diárias, e quando decidimos algo, assumimos o papel de líder, seja da sua vida pessoal, social, familiar ou na vida profissional, e essa pode oferecer a possibilidade de liderar os outros. Então, **o primeiro princípio de *coaching* para líderes é liderar de forma consciente e nos preparar para liderar os outros.**

Liderar a si mesmo requer autoconhecimento, entender suas fraquezas, fortalezas, valores e motivações. Por meio dessa habilidade, você se direcionará para minimizar o que você ainda precisa evoluir, potencializar suas qualidades e identificar e fortalecer seus valores, aqueles que são inegociáveis. Inteligência emocional e resiliência também são habilidades fundamentais como parte do processo do autoconhecimento. Na inteligência emocional desenvolvemos a capacidade de reconhecer e gerenciar nossas emoções, facilitando o aprendizado das emoções dos outros, assim como a resiliência promove a nossa adaptação em lidar com o estresse e com a adversidade.

A natureza dinâmica da personalidade e das circunstâncias de vida requer um processo contínuo de autoavaliação. Durante esse processo, são necessários alguns ingredientes, como coragem para enfrentar verdades desconfortáveis sobre si mesmo e determinação para promover mudanças positivas. No entanto, os benefícios do autoconhecimento, incluindo maior satisfação pessoal, melhores relacionamentos e sucesso em várias áreas da vida fazem com que esse esforço valha a pena. Para alcançar a transformação, precisamos passar pelo processo.

Autonomia e responsabilidade contribuem para o **segundo princípio de *coaching* para líderes, o seu posicionamento de líder**. Definir a delegação de tarefas e permitir que os colaboradores tenham a liberdade para tomar decisões, ao mesmo tempo em que são responsáveis pelos resultados, gera confiança e engajamento da equipe. Incentivar a confiança aumenta o nível de comprometimento, acelerando o caminho ao resultado desejado. A confiança é a base de um ambiente de trabalho saudável e produtivo, em que os membros da equipe se sentem seguros para expressar suas ideias e assumir riscos.

Sua liderança é a sua imagem. Perceba quantas características suas existem em sua equipe e o quanto seu comportamento impacta em sua gestão. Estamos falando de uma cultura que desenvolvemos ao longo da nossa jornada, sendo líder de nós mesmos e nos tornando inspiração, ou não, para as pessoas que fazem parte da nossa vida pessoal e profissional. Liderar é escrever seu legado, e aqui vamos conhecer **o terceiro princípio de *coaching* para líderes, que é formar pessoas**, ou seja, atuar no processo de delegação e, para isso, é necessário, além de praticar e desenvolver algumas habilidades, planejar e ajustar a rota. Seguir um processo estruturado e flexível, que permita adaptações conforme as circunstâncias mudam, aproxima você de uma gestão eficiente, ou seja, a gestão está sob seu controle.

Para estruturar um planejamento para uma liderança eficaz, seguimos passos importantes, como:

1. Definir uma visão clara e inspiradora: a visão do negócio vai guiar você em uma direção estratégica e motivar todos os membros da organização a trabalharem em direção a um objetivo em comum. Aqui iniciamos com a importância do autoconhecimento. Qual seu objetivo profissional e da sua equipe? Que resultado sua empresa precisa buscar? O quanto você inspira todos nessa busca? Procurar as respostas a essas perguntas fazem você refletir não só em seu objetivo, mas também como fazer para alcançá-lo.

2. Comunicar a visão da empresa de maneira objetiva: no processo de comunicação interna é essencial garantir que todos na organização compreendam e se comprometam com a direção estratégica da empresa. Usar uma linguagem simples e direta, de forma consistente, ajuda a alinhar os esforços, motivar os colaboradores e garantir que todos estejam trabalhando em direção ao mesmo objetivo. E aí, você consegue se fazer compreendido?

3. Definir metas e garantir que essas metas estejam alinhadas com o planejamento estratégico: nesse passo, aumentamos as chances de sucesso no alcance de seus objetivos, pois especificamos as metas, medimos e evidenciamos o acompanhamento e as possibilidades de serem realizadas e o quanto essas metas são importantes para o sucesso da organização, e, por fim, acordamos os prazos.

4. Calcular os riscos: essa prática é crucial para garantir que a organização esteja preparada para enfrentar possíveis desafios e adversidades. Identificar, avaliar, mitigar e monitorar os riscos levam o negócio e as pessoas que fazem parte do processo para um nível profissional superior, pois é aqui que aprendemos a ajustar a rota.

5. Avaliar o desempenho e proporcionar *feedback*: essa etapa é a grande oportunidade de avaliar os resultados, potencializar o que deu certo e pontuar o que precisa ser ajustado. Avaliando o desempenho do processo e das pessoas, contribuímos e geramos a oportunidade de crescimento organizacional e profissional, porque é através das metas, projetos e pessoas que a organização promove o quarto e último **princípio de *coaching* para líderes, a formação de uma cultura de aprendizado contínuo**.

Todo processo de aprendizagem requer um ponto importante, realizar mudanças e documentar todas as lições aprendidas para transformar sua cultura e a da sua empresa, por meio de processos estruturados e ao lado das pessoas.

Convido você a fazer uma reflexão: como você está liderando sua vida e inspirando as pessoas ao seu redor? Podemos inspirar nossa família, o meio social e o nosso meio profissional. Então, por que não o fazer de forma consciente, preparando-se para fazer da melhor forma?

Faça o que você nunca fez para vivenciar o que você, talvez, nunca tenha vivenciado. E você terá a chance de desenvolver sua liderança, seu posicionamento, sua formação de pessoas e sua cultura organizacional por meio do processo de mentoria com o método Lidere para Liderar, assim como muitos líderes que já alcançaram o sucesso.

Espero ter contribuído com seu aprendizado. Continue essa jornada de crescimento em minhas redes sociais.

“Lidere para liderar. Liderando a nós mesmos, potencializamos nossas habilidades e nos tornamos inspiração para extrair o melhor das pessoas.”

Giselda Meneguel

HELTON SANTOS

Sou Helton Santos, natural de São Paulo/SP, cidade na qual vivo com minha amada família. Casado há onze anos com Cintia Santos, minha esposa, amiga e parceira de vida, e desse amor nasceu nossos filhos David Luiz e Leonardo Luiz.

Sou engenheiro, gestor de projetos, líder, escritor e mentor. Os desafios enfrentados ao longo da minha trajetória profissional de sucesso foram inúmeros, mas eles serviram para comprovar que é possível transformar nossa vida adotando a mentalidade de crescimento adequada. Essas vivências motivaram-me a compartilhar o conhecimento adquirido, na esperança de inspirar outros a percorrerem seus próprios caminhos de sucesso.

helton.s.oficial

helton.hs.oficial

helton-santos-engenheiro

helton.hs@gmail.com

A PROFISSÃO DO **FUTURO**

16

A VISÃO HOLÍSTICA NO DESENVOLVIMENTO DE EQUIPES

Por Helton Santos

No horizonte do futuro profissional, a visão holística no desenvolvimento de equipes emerge como um farol, guiando líderes e colaboradores através das águas, por muitas vezes, turbulentas do mercado de trabalho. A minha história profissional não foi diferente da maioria. Quando iniciei minha carreira, também enfrentei tempestades intensas e trovoadas, lidando com pessoas de perfis extremamente desafiadores e cenários bastante adversos. No entanto, ao longo desse caminho, também encontrei pessoas que me proporcionaram valiosos ensinamentos e desempenharam papéis cruciais no meu aprendizado.

A **visão holística** é uma abordagem que considera o todo como mais do que a simples soma de suas partes. Em vez de focar apenas componentes individuais de um sistema, a visão holística busca entender as interconexões e interdependências entre esses componentes, reconhecendo que o funcionamento e o bem-estar do todo dependem dessas relações. Essa abordagem, mais do que uma estratégia, é uma filosofia que reconhece a equipe como um organismo vivo, em que cada membro contribui com suas habilidades únicas, emoções, experiências de vida e sonhos.

Desafios e suas consequências

No cenário corporativo atual, muitas equipes enfrentam desafios significativos, como a falta de coesão, baixa motivação e altos níveis de estresse. Esses problemas são frequentemente mais intensos por uma abordagem de liderança que foca exclusivamente resultados e metas, negligenciando o bem-estar e o desenvolvimento integral dos colaboradores. A ausência de uma visão holística pode levar a um ambiente de trabalho tóxico, em que a produtividade é prejudicada e o *turnover* (demissões) é elevado.

Uma visão limitada no desenvolvimento de equipes pode resultar em uma série de consequências negativas, incluindo:

- **baixos moral e autoestima:** colaboradores que não se sentem valorizados ou compreendidos tendem a ter menor satisfação no trabalho.
- **redução da produtividade:** a falta de motivação e engajamento pode levar a uma queda significativa na produtividade.
- **alta rotatividade:** ambientes de trabalho estressantes e desmotivadores aumentam a probabilidade de turnover.
- **inovação limitada:** a ausência de diversidade e inclusão pode restringir a criatividade e a inovação dentro da equipe.

A essência da visão holística

A visão holística transcende a mera soma das partes, buscando harmonia e equilíbrio. No contexto de uma equipe, isso significa criar um ambiente em que cada indivíduo se sinta valorizado, entendido e parte integral do **sucesso coletivo**. É a arte de liderar com empatia, reconhecendo que cada colaborador possui uma vida fora do trabalho que influencia diretamente seu desempenho e satisfação profissional. É compreender que, para alcançar grandes resultados, é fundamental cuidar das pessoas, pois são elas que gerarão esses resultados.

Eu aprendi a reconhecer que as pessoas são únicas e que cada uma pode alcançar resultados de maneiras diferentes. Isso evita a expectativa de que os outros agirão exatamente como você e, da mesma forma, impede que você espere que suas ações sejam idênticas às deles. A diversidade é um dos maiores ativos de uma equipe, ela pode trazer diferentes perspectivas, habilidades e experiências de seus membros. Os líderes sabem que é na diversidade que se encontram as soluções mais criativas e inovadoras para os desafios enfrentados.

Líderes que inspiram são aqueles que constroem pontes emocionais com seus liderados. Eles escutam ativamente, buscam entender as motivações individuais e esforçam-se para alinhar os objetivos pessoais com os da organização. Ao fazer isso, eles não apenas aumentam a produtividade, mas também cultivam um ambiente de trabalho em que as pessoas se sentem genuinamente felizes e engajadas.

Aprendizado e crescimento contínuos

Uma equipe que aprende junta, cresce junta. Encorajar o desenvolvimento contínuo, seja por meio de cursos, *workshops* ou projetos desafiadores é essencial. Não nos enganemos: não há sucesso sem conhecimento, e não há novos resultados sem mudanças de atitude. Essa visão é de extrema importância e pode se tornar uma grande vilã, especialmente em momentos de bons resultados, pois pode levar a equipe a um período de estagnação. Promover o aprendizado contínuo não apenas mantém a equipe atualizada com as últimas tendências e tecnologias, mas também fomenta um sentimento de progresso e realização pessoal.

Saúde e bem-estar

Reconhecendo que o bem-estar dos colaboradores é essencial para o sucesso da equipe, líderes holísticos promovem um equilíbrio saudável entre trabalho e vida pessoal. Eles incentivam práticas que reduzem o estresse, como flexibilidade de horários, trabalho remoto e atividades de *team building* (tarefas colaborativas), que fortalecem os laços e a saúde mental da equipe. Você pode estar pensando: "Helton, isso é utopia. Isso não existe". E eu afirmo: "**sim, existe e é possível**". Não estou dizendo que seja fácil, mas é viável.

Experimente agradecer o trabalho da sua equipe, isso não apenas eleva o moral, mas também fortalece as conexões dentro da equipe e cultivam um ambiente de respeito mútuo e cooperação.

Cultivando a inteligência emocional

No coração da liderança holística está a inteligência emocional: a capacidade de reconhecer, entender e gerenciar as próprias emoções e as dos outros. Líderes com alta inteligência emocional são adeptos em criar um clima de confiança e abertura, essencial para o desenvolvimento de equipes fortes e resilientes. Eles sabem quando oferecer suporte, desafiar e como motivar cada membro da equipe, adaptando seu estilo de liderança às necessidades individuais e coletivas.

Uma equipe holística é aquela em que há uma forte sensação de pertencimento e propósito compartilhado. Para cultivar essa conexão, líderes devem promover atividades que fortaleçam os laços interpessoais, como reuniões de equipe regulares com foco não apenas em metas e desempenho, mas também em compartilhar experiências e sucessos pessoais. Isso ajuda a criar um ambiente em que os membros da equipe se sentem valorizados e entendidos, fomentando uma cultura de apoio mútuo e colaboração.

Adotando a flexibilidade, a adaptabilidade e o desenvolvimento

O mundo está em constante mudança. Estamos diante de uma evolução tecnológica exponencial, e as equipes precisam ser capazes de se adaptar rapidamente a novas informações, tecnologias e métodos de trabalho. Líderes holísticos encorajam uma cultura de aprendizado e inovação, em que o erro é visto como uma oportunidade de crescimento. Eles promovem a experimentação e a criatividade, permitindo que a equipe explore novas ideias sem medo de falhar. Isso não apenas mantém a equipe competitiva, mas também contribui para a satisfação e o desenvolvimento profissional dos membros.

Além de promover o crescimento profissional, líderes com esta visão preocupam-se com o bem-estar geral de seus liderados, inclusive incentivando um equilíbrio saudável entre trabalho e vida pessoal. Programas de bem-estar, políticas de trabalho flexíveis e espaços para descompressão física e mental no local de trabalho são algumas das maneiras com que os líderes podem cuidar da saúde integral de suas equipes.

Liderando pelo exemplo

Líderes holísticos entendem que a melhor maneira de inspirar sua equipe é liderar pelo exemplo. Eles praticam o que pregam, demonstrando compromisso com seu próprio desenvolvimento pessoal e profissional, bem-estar e equilíbrio. Ao fazer isso, não apenas ganham o respeito e a admiração de seus liderados, mas também estabelecem um padrão de excelência para toda a equipe.

Você pode estar pensando que estamos falando de um "conto de fadas", mas não é. Dentro dessa realidade, é crucial destacar que um líder holístico precisa do apoio da direção e da cultura da empresa. Isso é fundamental. Além disso, é importante reconhecer que algumas pessoas podem não se enquadrar nesse padrão de mentalidade. Diante disso, eu digo a você: se a cultura da empresa impede você de ser melhor, mude. Se um liderado não se permite ser guiado para o caminho do sucesso, considere a possibilidade de demiti-lo. Habilidades técnicas podem ser ensinadas, mas valores pessoais, ética e honestidade são inatos. Portanto, valorize essas qualidades e siga em frente. Adotar essa postura pode parecer desafiador, mas é essencial para criar um ambiente de trabalho saudável e produtivo, em que todos se sintam valorizados e motivados a dar o seu melhor.

Conclusão

Adotar uma visão holística no desenvolvimento de equipes é uma jornada contínua de aprendizado, adaptação e crescimento. Requer um compromisso genuíno com o bem-estar e o sucesso de cada membro da equipe, bem como a coragem de liderar com empatia, flexibilidade e integridade. Ao fazer isso, líderes não apenas elevam o desempenho de suas equipes, mas também contribuem para a criação de um **ambiente de trabalho mais humano, inspirador e produtivo**. Esse é o verdadeiro legado de uma liderança holística: um mundo em que o trabalho não é apenas um meio de subsistência, mas uma fonte de realização pessoal e coletiva.

Permita-se ser melhor, errar, acertar, inspirar e aprender continuamente. Adotar uma visão holística da vida pode trazer sucesso integral em todas as áreas. Não somos melhores ou piores; apenas possuímos diferentes níveis de consciência, e cada um tem seu próprio tempo e curva de aprendizado. Isso nos torna seres humanos únicos e especiais, predestinados a ensinar e aprender uns com os outros, tanto nos momentos de sucesso quanto nos desafios.

Se você está lendo este livro, parabéns! Certamente está no caminho do conhecimento e do seu desenvolvimento, e isso inevitavelmente irá reverberar em outras vidas. Este capítulo é um convite para você, líder do futuro, embarcar nessa jornada transformadora. Ao fazê-lo, você não apenas alcançará o sucesso profissional, mas também deixará um legado duradouro de inspiração, crescimento e humanidade.

> “A visão holística para desenvolver equipes é o alicerce em que são construídas fortalezas inabaláveis de inovação, resiliência e sucesso.”
>
> Helton Santos

JÊ EUGÊNIO

Meu nome é Jesana Neves Eugênio, nasci em Criciúma/SC, morei por 22 anos em Balneário Camboriú/SC e atualmente moro em Florianópolis/SC.

Sou especialista em autoconhecimento há dezenove anos. Conduzo palestras, treinamentos e mentorias que já transformaram a vida de dezenas de pessoas. Criadora do método FLIP Yoga, Mentoria Sistêmica FIL e treinamento Conexão Criativa Evolutiva para empresas. Ajudo líderes empresariais, principalmente mulheres, a reconectarem-se com o verdadeiro Eu, desbloquearem e desenvolverem seu potencial e reconstruírem sua realidade.

No ambiente corporativo, promovo a solução de conflitos relacionais, liderança consciente e bem-estar, tornando a equipe engajada e alinhada com criatividade e produtividade sustentável.

jeeugenioflip

+55 (47) 99222-6303

17 A IMPORTÂNCIA DA SAÚDE MENTAL

Por Jê Eugênio

Imagine um mundo em que todos os dias você se sente calmo, centrado e capaz de enfrentar qualquer desafio com clareza e confiança. Esse mundo é possível, e tudo começa com a saúde mental. A saúde mental é um dos pilares fundamentais para uma vida equilibrada e produtiva, tanto no âmbito pessoal quanto profissional. Ao longo da minha carreira, constatei que práticas de yoga e meditação são ferramentas poderosas para melhorar a saúde mental e, consequentemente, o desempenho no trabalho.

Minha jornada começou em um momento de profunda crise pessoal. Anos atrás, com 18 anos de idade, eu estava presa em um ciclo de estresse e esgotamento. Diante de conflitos familiares, desde muito jovem, trabalhava incessantemente, com foco no sucesso e reconhecimento, mas me sentia cada vez mais desconectada de mim mesma. Minha saúde física e mental estava em colapso, e eu sabia que precisava de uma mudança radical. Foi então que descobri o yoga e a meditação. No início, eram apenas práticas exóticas que me trouxeram empolgação, mas logo percebi o poder transformador dessas disciplinas. Com o tempo, minha prática aprofundou-se e comecei a perceber mudanças significativas na minha saúde mental e no meu bem-estar geral, transformando o meu estilo de vida. Essa transformação levou-me a buscar mais conhecimento e a me especializar nessas técnicas.

Por meio dessas práticas, encontrei meu verdadeiro propósito: ajudar outras pessoas no caminho de cura de traumas e a desbloquear seu potencial para alcançarem uma vida equilibrada e plena. A saúde mental tornou-se não apenas uma prioridade, mas a base de toda a minha carreira. Eu queria que mais pessoas também sentissem a paz e a clareza que eu havia encontrado.

Como mentora de autoconhecimento, minha missão é ajudar pessoas na reconexão com o seu verdadeiro Eu. Com o tempo, percebi que muitos profissionais enfrentam desafios que vão além das habilidades técnicas. O estresse, a ansiedade e a falta de equilíbrio emocional são barreiras invisíveis, mas poderosas, que afetam a produtividade, a satisfação no trabalho e, por consequência, os resultados. Na minha experiência, a saúde mental é essencial para qualquer pessoa que deseja alcançar o sucesso e a felicidade. E como passamos boa parte das nossas horas de vida envolvidos no nosso trabalho, precisamos urgentemente que essas práticas estejam presentes nas empresas. No ambiente de trabalho, uma mente saudável é a base para uma cultura organizacional forte e positiva. As empresas que investem na saúde mental de seus colaboradores observam um aumento significativo na produtividade e na satisfação geral. Segundo a Organização Mundial da Saúde (OMS), a depressão e a ansiedade custam à economia global US$ 1 trilhão por ano em perda de produtividade. Agora, imagine o impacto positivo que a promoção da saúde mental pode trazer (WHO, [*s.d.*]).

A prática milenar de yoga é uma das maneiras mais eficazes de promover a saúde mental. Por meio de técnicas de respiração, meditação e posturas físicas, o yoga ajuda a reduzir os níveis de estresse e ansiedade, melhora o foco e aumenta a resiliência emocional. Em minhas mentorias de yoga, vejo como as pessoas se transformam, encontrando equilíbrio e paz interior. Lembro-me de uma cliente que, ao iniciar a prática, mal conseguia dormir devido à ansiedade. Após alguns meses de yoga, ela relatou uma melhora significativa no sono e na qualidade de vida.

Aqui estão algumas ferramentas e técnicas para iniciantes que você pode experimentar:

- Meditação e atenção plena ajudam a cultivar a presença e a reduzir os pensamentos negativos. Pergunte a si mesmo: "Quanto tempo eu passo realmente presente no momento?"
- Técnicas de respiração, com exercícios respiratórios simples, podem diminuir a ansiedade e aumentar a clareza mental. Experimente uma respiração profunda agora mesmo e sinta a diferença.
- Relaxamento profundo, por meio de sessões guiadas, promove uma sensação de bem-estar e tranquilidade. Imagine-se deitado à beira-mar, ouvindo o som das ondas — essa é a sensação de um relaxamento profundo.

- Integração sistêmica é outra técnica poderosa; visualize todo o seu sistema familiar na ordem de chegada até você sentir a força da vida chegar até você. Será que você se relaciona do seu verdadeiro lugar de pertencimento?

Além das práticas individuais, minha abordagem também inclui mentoria sistêmica para soluções de conflitos relacionais, desenvolvimento das habilidades humanas e comportamentais, elevando a qualidade de convívio de modo sustentável e inovador. Com minha mentoria, ajudo pessoas e equipes a entenderem e resolverem conflitos profundos, melhorarem a comunicação e desenvolverem habilidades essenciais para um ambiente de trabalho harmonioso e produtivo. A minha mentoria sistêmica integra princípios de constelação sistêmica com o autoconhecimento, proporcionando uma visão interconectada dos desafios e soluções.

Uma cultura organizacional que valoriza a saúde mental cria um ambiente onde os colaboradores se sentem valorizados e apoiados. Trabalhar em um ambiente que promove o autoconhecimento e bem-estar resulta em menor rotatividade, maior engajamento e melhor desempenho. Como mentora, ajudo líderes a implementar práticas que favorecem uma cultura saudável. De acordo com o relatório *2023 Work in America Survey*, 76% dos trabalhadores americanos preferem trabalhar em uma empresa que oferece cuidados com a saúde mental, destacando a importância de ambientes de trabalho que promovam o bem-estar psicológico dos empregados (APA, 2023).

A saúde mental não é apenas a ausência de doenças, mas a presença de bem-estar. Saúde mental é a base para uma vida plena e uma carreira de sucesso. Cuide de sua mente, e o resto seguirá. A sua empresa oferece recursos para o bem-estar mental dos funcionários? Se a resposta for não, talvez seja hora de reconsiderar.

Empresas que adotam práticas de saúde mental colhem benefícios tangíveis. Casos de sucesso que acompanhei mostram melhorias notáveis na produtividade e na satisfação dos colaboradores. Por exemplo, a incorporação de sessões de yoga on-line com acompanhamento da mentora associados a treinamentos sistêmicos podem transformar a dinâmica de uma equipe. Pense em um líder que, ao cuidar da saúde mental de sua equipe, viu um aumento na criatividade e na proatividade de resolução de problemas. Você sabia que 20 minutos de prática de yoga aumentam em 50% a produtividade com qualidade?

Vamos refletir: como seria o ambiente de trabalho dos seus sonhos? É um lugar em que você se sente ouvido e valorizado? Um lugar que promove o crescimento pessoal e profissional?

A saúde mental é crucial para o sucesso pessoal e profissional. Investir em práticas que promovam o bem-estar não é apenas uma escolha inteligente, mas necessária para construir um futuro sustentável e próspero. Estudos de caso ilustram esses benefícios. Por exemplo, uma empresária que, por meio da minha mentoria individual, adquiriu uma nova consciência sobre os padrões familiares herdados e a necessidade de mudar sua postura relacional ao perceber que não valorizava devidamente o nome de seu sócio na razão social da empresa. Ela estava prestes a repetir um padrão, caso passasse a utilizar o nome de um de seus filhos na razão social da empresa, mas, com as minhas intervenções sistêmicas e orientações, ela conseguiu recuperar seu poder e sua autoestima ao curar suas relações, construir uma nova mentalidade e retomar o uso do próprio nome, gerando mudanças positivas na sua empresa e, além disso, realizando sonhos paralelos como comunicadora de conteúdos de desenvolvimento pessoal.

Michelle, outra mentorada, também compartilhou sua experiência em um depoimento: "Desde que conheci a Jê, percebi que ela é um pacote de tudo em que acredito. A maneira como ela conduz e conecta faz total diferença na nossa postura comportamental e hábitos, mudando completamente a minha postura empreendedora. Era o que faltava na minha vida. Além de investir apenas em cursos técnicos, eu precisava investir em mim."

Aqui estão minhas sugestões práticas para o dia a dia que podem ser facilmente implementadas:

- Comece o dia com cinco minutos de meditação. Encontre um lugar tranquilo, feche os olhos e concentre-se na sua respiração.
- Durante o trabalho, faça pausas regulares para respirar profundamente. Três a cinco respirações profundas podem fazer uma grande diferença na sua concentração e bem-estar.
- Termine o dia com uma sessão de relaxamento profundo. Deite-se confortavelmente, use um aroma relaxante, coloque uma música tranquila, feche os olhos e permita-se sentir paz e tranquilidade.

A implementação de um programa de saúde mental na empresa pode seguir alguns passos simples: primeiro, realize uma avaliação inicial por meio de uma pesquisa com os funcionários para entender as necessidades e preocupações deles em relação à saúde mental. Em seguida, desenvolva um programa que inclua sessões regulares de yoga, meditação e imersões sobre saúde mental. Treine os líderes da empresa com a abordagem sistêmica para reconhecerem sinais de estresse e ansiedade e para apoiarem o desempenho dos seus funcionários. Monitore o progresso do programa e avalie regularmente seu impacto na produtividade e satisfação dos funcionários.

A promoção da saúde mental é um investimento que traz benefícios significativos tanto para pessoas quanto para organizações. Uma mente saudável é a chave para uma vida equilibrada, produtiva e feliz. Em reportagem do *Harvard Gazette*, um estudo publicado na revista *Psychiatry Research: Neuroimaging* demonstrou que um programa de meditação de oito semanas resultou em aumentos na densidade de massa cinzenta em regiões do cérebro associadas à memória, à empatia e ao autocontrole (McGreevey, 2011). Ao adotar práticas de bem-estar, podemos transformar nosso ambiente de trabalho e criar um futuro mais sustentável e próspero para todos.

Pessoas movem empresas e empresas movem o mundo! Conheça o meu método e descubra como a integração de yoga, meditação e mentoria sistêmica pode transformar a sua vida e a sua carreira. Juntos, podemos criar um mundo no qual a saúde mental é valorizada e promovida em todas as áreas da vida.

Referências

AMERICAN PSYCHOLOGICAL ASSOCIATION (APA). 2023 Work in America Survey. *APA*, [*S.l.*], 2023. Disponível em: https://www.apa.org/pubs/reports/work-in-america/2023-workplace-health-well-being. Acesso em: 9 ago. 2024.

MCGREEVEY, S. Eight weeks to a better brain. *Harvard Gazette*, [*S.l.*], 21 jan. 2011. Disponível em: https://news.harvard.edu/gazette/story/2011/01/eight-weeks-to-a-better-brain/. Acesso em: 9 ago. 2024.

WORLD HEALTH ORGANIZATION (WHO). Mental Health, Brain Health and Substance Use. *WHO*, [*S.l.*], [*s.d.*]. Disponível em: https://www.who.int/teams/mental-health-and-substance-use/promotion-prevention/mental-health-in-the-workplace. Acesso em: 9 ago. 2024.

“Pessoas movem empresas e empresas movem o mundo!”

Jê Eugênio

KAREN M. L. S. CAVALLO

Meu nome é Karen Cavallo, nasci em São Paulo/SP e resido em Alphaville/SP com minha família: meu esposo Hugo Oliveira, minha filha Ayla Antonella e três cachorros.

Sou mentora, escritora e especialista comportamental. Atuo como líder de Gestão de Pessoas em uma multinacional e sou criadora do Método CHASE.

Com experiência em vendas, gestão de projetos e de pessoas, empreendi e fui de zero a três milhões em vendas em um ano, recrutei mais de quinze mil colaboradores e desenvolvi muitos líderes.

Minha trajetória foi guiada por mentores inspiradores, enfrentando desafios e aprendendo que é possível transformar a vida por meio de exercícios diários e autoconhecimento. O versículo que guia minha vida é: 1 Tessalonicenses 5:14-15.

karencavallo.oficial

18

A SEMENTE DA COMUNICAÇÃO INTERNA

Por Karen M. L. S. Cavallo

Desde a infância, sempre fui fascinada pelo poder das palavras. Crescendo em uma família de pais separados, morava com minha mãe, minha avó e minhas irmãs. Nossa vida era bem escassa, e o que eu tinha em mente eram sonhos e muitos desafios. Eu adorava contar histórias para meus amigos e familiares, imaginando mundos fantásticos e aventuras emocionantes. No entanto, essa habilidade inicial de comunicação nem sempre foi bem-sucedida. Muitas vezes, minhas histórias eram interrompidas por risadas ou desinteresse, principalmente quando as pessoas tentavam me trazer para a realidade, o que me fez perceber que comunicar-se eficazmente é mais do que apenas falar — é saber envolver e conectar-se com os outros, e às vezes ignorá-los também.

Houve uma vez em que eu disse que iria à Disney e me disseram que eu estava louca. Acredite, não tínhamos comida em casa e morávamos praticamente em um porão. Aos 11 anos, meus tios levaram-me à Disney pela primeira vez, e eu entendi que a comunicação tinha poder e que sonhos eram reais. Cresci, enfrentei diversos desafios e entrei no mundo dos negócios, percebendo que essa habilidade era crucial. No entanto, a transição não foi fácil. Passei por um período de fracasso, em que minha comunicação interna era caótica e ineficaz, o que me levou a uma situação de falência. Mas essa falha foi apenas o começo de uma jornada transformadora.

A comunicação interna que quebra sonhos

No início da minha carreira de empreendedora, enfrentava dificuldades constantes em me comunicar de forma clara e eficaz com minha equipe e clientes, e a verdade absoluta era só minha. As reuniões eram desorganizadas e a comunicação era mais reativa do que proativa. Isso criou um ambiente de trabalho tenso, em que a falta de clareza e empatia levou a mal-entendidos frequentes e baixa moral.

Lembro-me de um momento específico em que, ao tentar resolver um problema crítico, acabei culpando minha equipe pelo desempenho insatisfatório. Minha frustração e falta de habilidades comunicativas minaram a confiança e a motivação de todos, resultando em um fracasso retumbante do projeto. A comunicação interna ineficaz estava não apenas comprometendo os resultados, mas também destruindo a moral de todos que estavam ali.

O preço da comunicação interna ineficaz

A comunicação interna ineficaz teve consequências devastadoras. Não apenas minha empresa enfrentou uma falência, mas também minha autoconfiança foi abalada. A sensação de fracasso era esmagadora, e eu me via presa em um ciclo de negatividade. A falta de clareza e *feedback* construtivo criava um ambiente tóxico, em que a inovação e a colaboração eram praticamente inexistentes.

A falência não foi apenas um golpe financeiro, mas também uma lição dolorosa sobre a importância de comunicar-se de maneira clara e positiva internamente. Esse período sombrio da minha vida me levou a refletir profundamente sobre minhas habilidades comunicativas e a necessidade urgente de transformação. Afinal, eu estava à beira de uma depressão profunda com pensamentos suicidas.

A jornada da transformação

Determinada a mudar, comecei a buscar maneiras de aprimorar minhas habilidades de comunicação interna. A transformação na comunicação interna começa com a mentalidade. Adotar uma mentalidade de crescimento e crenças positivas é crucial. A forma como pensamos influencia diretamente a maneira como nos comunicamos.

Participei do meu primeiro Método CIS em janeiro de 2020, quando o Dr. André Davin e o Dr. Paulo Vieira, com suas palavras inspiradoras, resgataram a importância da mentalidade positiva na comunicação. Eles me mostraram que a maneira como nos comunicamos internamente reflete diretamente em nossos resultados.

Além disso, busquei inspiração na Bíblia com o maior líder que já existiu: Jesus Cristo, cujos ensinamentos sobre amor, empatia e liderança são exemplos perfeitos de comunicação eficaz. Também encontrei grande orientação nos livros de Joyce Meyer, que se tornou minha maior mentora. Suas palavras ajudaram-me a moldar uma mentalidade mais positiva e resiliente.

Adotei uma abordagem mais positiva, com foco em soluções e crescimento. Comecei a praticar a escuta ativa, oferecendo *feedback* consciente e demonstrando empatia genuína. Essas mudanças não foram fáceis, mas com persistência, comecei a ver resultados significativos. Minha nova forma de comunicar revitalizou minha família e nos permitiu superar desafios com mais eficácia.

Mentalidade e crenças: o poder da transformação interna

A transformação na comunicação interna começa com a mentalidade. Adotar uma mentalidade de crescimento e crenças positivas é crucial. A forma como pensamos influencia diretamente a maneira como nos comunicamos. Passei a acreditar que, para transformar meu ambiente de trabalho, primeiro precisava transformar minha mentalidade.

Forma de pensar, falar, agir e ser

Para comunicar-se internamente de forma eficaz, é essencial alinhar nossos pensamentos, palavras e ações. Desenvolvi a prática de pensar positivamente, falar com clareza e agir com propósito. Ao adotar essa abordagem holística, percebi que minha comunicação se tornou mais coerente e inspiradora.

1. **Pensar**: encare os desafios como oportunidades de crescimento. Mantenha pensamentos positivos e construtivos. Exemplo: eu olhava para o céu diariamente e tirava foto, postava no Instagram: **oportunidade** 1/365.
2. **Falar**: use uma linguagem clara e motivadora. Evite críticas destrutivas e promova o *feedback* construtivo. Exemplo: "Estou com um problema." Modificar a fala por: "Mais uma oportunidade para me superar, aprender, desenvolver."
3. **Agir**: demonstre empatia e liderança pelo exemplo. Mostre comprometimento com as metas e os valores das pessoas.

4. **Ser:** seja autêntico e coerente em suas ações e palavras. A autenticidade constrói confiança e respeito.

Hábitos e dia a dia: construindo uma cultura de comunicação

Adotar novos hábitos diários foi fundamental para melhorar minha comunicação interna. Aqui estão alguns hábitos que implementei:

1. **Reuniões diárias:** realizei reuniões curtas para alinhar expectativas e reforçar a comunicação aberta.

2. ***Feedback* regular (Método SCI)**: ofereci e solicitei *feedback* de maneira consistente para promover o crescimento contínuo.

3. **Escuta ativa:** pratiquei a escuta ativa em todas as interações para garantir que todos se sintam ouvidos e valorizados.

4. **Diário de comunicação interna:** registrei as interações diárias e avaliei o meu progresso para identificar áreas de melhoria.

Para exemplificar o *feedback* SCI com uma boa comunicação, podemos considerar a situação hipotética de um líder que deseja fornecer um retorno construtivo a um colaborador sobre sua apresentação em uma reunião. Veja como isso poderia ser feito utilizando a estrutura do SCI:

- **Situação:** "Na reunião de equipe de hoje de manhã..".
- **Comportamento:** "... você demonstrou domínio do conteúdo e utilizou exemplos claros para ilustrar seus pontos. Sua postura e linguagem corporal transmitiram confiança e engajamento".
- **Impacto:** "... Isso ajudou a manter a atenção de todos os participantes e facilitou a compreensão dos tópicos discutidos. Além disso, sua apresentação foi elogiada por vários membros da equipe após a reunião."

Com base nesses exemplos, a pessoa recebe um *feedback* específico e detalhado sobre seu desempenho, com ênfase nos aspectos positivos, o que pode motivá-la e reforçar comportamentos desejados no futuro.

DISC: comunicação com diferentes perfis

Ao buscar formação como analista comportamental, pude entender e me comunicar com vários perfis de pessoas, utilizando o modelo DISC. Esse conhecimento foi essencial para aprimorar minha comunicação interna. Os perfis DISC são:

1. **Dominante (D):** pessoas com esse perfil são diretas e focadas em resultados. Aprendi a ser concisa e objetiva ao me comunicar com elas, destacando fatos e dados concretos.
2. **Influente (I):** indivíduos influentes são entusiásticos e sociáveis. Usei uma abordagem mais animada e envolvente, utilizando histórias e exemplos pessoais para conectar-me com eles.
3. **Estável (S):** pessoas estáveis valorizam a harmonia e a colaboração. Para elas, pratiquei a escuta ativa e forneci segurança e suporte, enfatizando a colaboração.
4. **Cauteloso (C):** indivíduos cautelosos são detalhistas e analíticos. Com eles, foquei em fornecer informações precisas e estruturadas, explicando os processos e dados com clareza.

Ao adotar esses hábitos no dia a dia, pude reconhecer minhas forças e fraquezas, mudei minha mentalidade e minha forma de comunicar; também transformei minha vida pessoal e profissional. Uma curiosidade bem legal é que, ao comunicar para minha mente e viver com atitudes mais saudáveis, emagreci 25 kg. Passei de uma situação de ordem de despejo para me tornar uma investidora. Transformei uma falência em liberdade financeira. De uma mãe e esposa murmurenta, tornei-me uma validadora do meu lar, comecei a profetizar coisas boas em tudo que parecia ruim. Hoje inspiro a todos e lidero com propósito.

Para garantir a continuidade dessa transformação, criei um Método de Comunicação Interna. Essa ferramenta simples, mas poderosa, ajudou-me a refletir diariamente sobre minhas interações comunicativas, identificar áreas de melhoria e estabelecer metas claras para aprimorar. Se você também deseja transformar sua comunicação interna e alcançar resultados extraordinários, comece agora a adotar uma mentalidade de crescimento, alinhar seus pensamentos, palavras e ações, e praticar novos hábitos diários. Registre suas interações, ofereça *feedback* consciente e adapte-se aos diferentes perfis de comunicação. A mudança começa com pequenos passos, e o impacto pode ser revolucionário. Juntos, podemos criar um ambiente em que a comunicação eficaz floresce e os sonhos se tornam realidade. Acesse o QR *code* e encontre testes, dicas e ferramentas que ajudarão você nessa jornada transformadora.

“Fale dos seus sonhos com tesão; sua expressão interna vai impulsionar você a transformar fracassos em sucessos e sonhos em realidade.”

Karen M. L. S. Cavallo

KAREN TAKEUTI

Sou Karen Takeuti, movida pela curiosidade e aprendizado. Com dezoito anos de experiência no mundo corporativo, passei por transições de carreira e empreendo.

Sou mentora de carreira, marca pessoal e executiva em multinacional, com formação em Enfermagem, MBA em Administração e Marketing, PNL *Practitioner*, analista comportamental ADV, especialista em Comportamento Humano e de Marca Pessoal. Como *hobby*, gosto de viajar, descobrir novos lugares, culturas e culinárias, tendo visitado mais de 26 países. Acredito que experiências e conhecimentos criam mais sinapses e oportunidades. Ao longo dessa jornada aprendi que o sucesso na carreira está diretamente ligado ao autoconhecimento, à autenticidade, à imagem pessoal e à reputação.

karen.takeuti

Karen Takeuti

19

A IMPORTÂNCIA DA MARCA PESSOAL PARA IMPULSIONA A CARREIRA

Por Karen Takeuti

Assim como as empresas investem intensamente em suas marcas, nós, como indivíduos, também precisamos construir nossa marca pessoal para nos tornarmos a melhor opção de escolha, seja no mundo corporativo, nos serviços ou como influenciadores de nossos próprios produtos. Levei mais de treze anos para entender isso, e por isso, hoje, meu desejo é orientar as pessoas nessa jornada de construção de uma marca pessoal congruente, assertiva e estratégica. Você não precisa levar anos para descobrir isso, nem passar por essa jornada sozinho.

Desde muito jovem, orientada pelos meus pais, aprendi que o conhecimento é o único bem que ninguém poderia retirar de mim. Por isso, sempre investi tempo e dinheiro em aprendizado. Compreendi que a experiência era fundamental para desenvolvermos novas habilidades e sempre me dediquei a fazer o meu melhor e aproveitar as oportunidades. Essa fórmula não poderia falhar: assim como toda ação tem uma reação, toda dedicação e foco em um objetivo trazem êxitos e sucesso.

No entanto, percebi que meu sucesso poderia ter chegado ainda mais rápido se eu tivesse consciência e conhecimento sobre como construir minha própria marca pessoal. Não basta apenas ser competente; é essencial transmitir a percepção correta de forma clara e sem ruídos, para que sua mensagem chegue de maneira assertiva ao mundo ao seu redor. Pensando nisso, escrevi este capítulo para compartilhar de forma bem resumida, porém efetiva, sobre como iniciar essa jornada de construção da sua marca pessoal.

Como construir uma marca pessoal

Autoconhecimento

Você desempenha diversos papéis na vida e na sociedade. Para construir uma marca pessoal eficaz, o primeiro passo é encontrar sua verdadeira identidade. Faça uma autoavaliação honesta para identificar suas forças, fraquezas, crenças e valores. Essas informações são essenciais para definir uma visão clara e autêntica da sua marca pessoal e entender como ela se encaixa na sua visão de mundo.

Seus valores devem guiar todas as suas ações e decisões, garantindo que sua marca pessoal seja genuína e consistente. Ao alinhar suas ações com seus valores, você cria uma marca não apenas autêntica, mas também poderosa e coerente, destacando-se de maneira significativa na sociedade.

Coloque a sua vida em perspectiva ampla

Aloque a porcentagem de foco que você tem dado às principais áreas da sua vida. Organizar minimamente sua vida é essencial para estruturar seus próximos passos. Se você não se organizar internamente, dificilmente conseguirá se organizar externamente, pois tudo começa de dentro para fora. Para ajudar nessa organização, reflita sobre as seguintes áreas:

- **corpo físico, mental e espiritual**: seu corpo e mente são ferramentas que o levarão aonde você deseja. Saúde, autoestima e bem-estar são fundamentais;
- **relacionamentos:** seja relacionamento amoroso, familiar ou de amizade, o ser humano foi feito para se relacionar. Mesmo na era da inteligência artificial, essa é a essência e o diferencial do ser humano.
- **financeiro:** em um mundo em que o dinheiro é o meio de troca, sua relação com ele deve estar organizada. Nossa cultura gera muitas crenças limitantes sobre o dinheiro, levando ao pensamento de escassez e medo. No entanto, é fundamental superar esses obstáculos para uma vida financeira saudável.

Organize-se internamente para que sua vida externa reflita essa harmonia.

Clareza

De que adianta ser o primeiro a chegar ao topo da montanha errada? Agora que você já tem mais informações sobre si mesmo e sobre onde estão seus focos hoje — seu ponto A — é o momento de definir qual será seu ponto B. Aonde você realmente quer chegar? Talvez você esteja apenas vivendo a vida, esperando que a linha de chegada venha até você, que alguém traga o sucesso ou que o curso natural da vida se encarregue de dar o que você nem sabe que está esperando.

Por isso, é crucial ter clareza sobre aonde você quer chegar e quem você quer se tornar. Perguntas como "como você gostaria de ser lembrado no seu último dia de vida?" e "qual legado você quer deixar nas pessoas?" podem ajudá-lo a refletir. Lembre-se: aproveite a jornada e nunca será tarde para começar.

Lifelong learning

O aprendizado contínuo, conhecido como *lifelong learning*, é mais do que uma prática educacional; é um estilo de vida essencial para o desenvolvimento pessoal e profissional contínuo. Significa estar aberto a novos conhecimentos, habilidades e experiências ao longo de toda a vida. Buscar ativamente novos conhecimentos e habilidades não só mantém você atualizado, como também amplia sua capacidade de inovação e adaptação. Ao cultivar habilidades comportamentais e técnicas, você se fortalece para enfrentar as adversidades do mundo FANI (frágil, ansioso, não linear e incompreensível), tornando-se mais antifrágil, uma vez que reconhece a importância das incertezas, riscos, erros e variabilidades para evoluir.

Netweaving

Netweaving é uma abordagem mais colaborativa e altruísta do que o *networking* tradicional, foca construir relações autênticas e mutuamente benéficas. Em vez de apenas buscar contatos para benefício próprio, o *netweaving* incentiva a criação de uma rede de apoio em que todos se ajudam e compartilham oportunidades, fortalecendo conexões, promovendo confiança e estabelecendo um senso de comunidade essencial para o desenvolvimento pessoal e profissional sustentável. Para praticar *netweaving*, identifique formas de ajudar os outros em sua rede, fazendo apresentações que beneficiem ambas as partes, organizando eventos de *networking* com foco na troca de conhecimentos e colaboração e participando ativamente de fóruns e grupos on-line, oferecendo conselhos e apoio. Essas ações não só fortalecem suas relações profissionais, como também constroem uma reputação sólida e confiável, refletindo positivamente em sua marca pessoal.

Presença on-line

No ambiente digital atual, sua presença on-line é uma extensão crucial da sua marca pessoal. Crie e compartilhe conteúdo relevante em plataformas e redes sociais como LinkedIn, Instagram e *podcasts*. Escrever artigos, participar de discussões e fóruns e oferecer *insights* valiosos ajuda a estabelecer sua autoridade e atrair seguidores interessados na sua área de atuação.

Mantenha sua comunicação on-line, profissional e consistente com sua marca pessoal, evitando *posts* e comentários que possam gerar ruídos, mas sempre preservando sua autenticidade. Lembre-se: sua presença on-line não é apenas uma vitrine, mas uma poderosa ferramenta para conectar, influenciar e construir relacionamentos duradouros em sua carreira.

Imagem profissional

O efeito "halo" ilustra como formamos impressões rápidas com base nas primeiras características percebidas, influenciando profundamente nossa interação mútua. A maneira como nos apresentamos nos primeiros momentos — da nossa aparência às palavras e aos gestos iniciais, tanto verbais quanto não verbais — não apenas define como somos percebidos, mas também impacta diretamente nosso posicionamento e relacionamento. Portanto, é crucial cuidar da imagem que projetamos não apenas na primeira impressão, mas em todas as oportunidades que surgirem.

Consistência e autenticidade

Uma marca pessoal eficaz constrói-se com consistência e autenticidade. É crucial que suas ações, tanto on-line quanto offline, reflitam a imagem que você deseja projetar. Seja genuíno em suas interações e evite representar um papel que não condiz com quem você é verdadeiramente. A autenticidade é fundamental para estabelecer confiança e respeito, pilares essenciais para uma marca pessoal duradoura. Mantenha-se fiel aos seus valores e objetivos, ajustando-se conforme necessário, mas sempre preservando sua essência. Busque inspiração em pessoas que alcançaram as posições que você almeja e peça *feedback* contínuo. Em um mundo onde conexões significativas são formadas com autenticidade, esse é o caminho sustentável para o sucesso a longo prazo.

Pensamentos finais

Construir uma marca pessoal é um compromisso contínuo que requer reflexão e empenho, mas também deve ser um processo leve, divertido e interessante. Investir nesse processo é investir na sua vida, pois estamos falando da sua marca pessoal e o legado que você quer deixar no mundo. Além disso, quanto mais você tem autoconhecimento, é autêntico e congruente em sua mensagem, mais você terá diferencial, destaque e reputação em um mercado competitivo, seja ele no mundo corporativo ou empreendedorismo.

Se sua marca pessoal ainda não está clara, atenção: você pode e deve construí-la o quanto antes; nunca será tarde para começar essa jornada. Lembre-se de que esse processo deve ser um estilo de vida e você deve cuidar dele ao longo da vida. Confie em mim, uma marca pessoal consistente trará mais oportunidades para você, porém seja proativo e estratégico, pois fazer ou mesmo não fazer nada transmitirá alguma mensagem e percepção, portanto seja intencional, para que você determine qual é a marca que deseja perpetuar no mundo.

Meu último ponto é relembrar que não há divisão entre vida pessoal e profissional, e quanto melhor ser humano você se torna, melhor profissional você será. Portanto, nunca pare de investir no seu desenvolvimento pessoal, pois ele está intimamente ligado à sua marca pessoal de sucesso. Para isso, é necessário estar atento nessa construção e manutenção, afinal a reputação faz parte desse processo, que é contínuo.

Eu sei que pode parecer complexo, mas você não está sozinho, eu também já me senti assim e busquei ajuda. Por isso, meu conselho é: busque orientação de especialistas para identificar pontos cegos e navegar nessa jornada de protagonismo, ela não precisa ser solitária. Se fizer sentido, ficarei feliz em guiá-lo.

Que este capítulo seja apenas o início da sua trajetória, que levará você para a posição que merece, o profissional de escolha, seja ele no mundo corporativo ou empreendedorismo, e do seu legado no mundo. Sucesso e divirta-se! Agradeço a Deus, meu marido, família e amigos pelo apoio constante em mais este projeto.

"O desenvolvimento da sua marca pessoal está diretamente ligado à sua evolução como ser humano."

Karen Takeuti

KELLEN POLICHA

Sou Kellen Policha, primogênita de José Rogério e Célia, paranaense e filha amada de Deus.

Mentora de Negócios com mais de dezoito anos de experiência em consultoria, já atuei em nove estados brasileiros. Mestre em Educação com foco em Aprendizagem e Neurociência, palestrante, analista de perfil comportamental, *Practitioner* em PNL e *coach*.

Na minha trajetória contribuí no desenvolvimento de equipes, pois adquiri conhecimentos sólidos em neurociências e aprendizagem, que me permitem compreender melhor os processos cognitivos e emocionais dos indivíduos.

Desenvolvi uma mentalidade de crescimento, tornando-me uma profissional preparada para enfrentar os desafios do futuro.

kellen.policha

Kellen Policha

kpmentoriainvestimentos@gmail.com

20 ESTRATÉGIAS PARA UMA MENTALIDADE DE CRESCIMENTO

Por Kellen Policha

Desde muito cedo, fui criada em uma família simples, porém repleta de valores essenciais. Nesse ambiente, meus pais sempre enfatizaram a importância do **ser** em vez do **ter**, ensinando-me a valorizar as qualidades e características internas, em vez de focar apenas os bens materiais. Crescer em um lar onde meu pai era funcionário público trouxe comigo algumas crenças limitantes. Na visão dos meus pais, a única rota segura para o sucesso seria seguir a carreira no funcionalismo público. No entanto, ao longo do tempo, percebi que havia muito mais possibilidades para explorar e diferentes caminhos a seguir na busca pelos meus sonhos e realizações pessoais, além dessa mentalidade fixa na qual fui criada.

Sempre fui uma pessoa que buscou o crescimento e o sucesso. Entusiasta e sonhadora, desde muito jovem busquei recursos para o meu crescimento pessoal e profissional. Aos 19 anos, decidi ingressar no mercado de trabalho para investir em conhecimento e ampliar minha experiência. Ao longo dos anos, fiz diversos cursos e formações na área de Pedagogia, pois sempre tive uma paixão especial pelo desenvolvimento humano. Além disso, também busquei especializações em gestão de pessoas, pois acredito que é fundamental compreender e trabalhar de forma eficiente com as emoções e potenciais das pessoas para promover um ambiente de aprendizado e crescimento.

Essa busca constante por conhecimento e aprimoramento permitiu-me crescer tanto profissionalmente quanto pessoalmente. Hoje, sinto-me realizada e motivada em poder contribuir para o desenvolvimento e transformação daqueles ao meu redor. Acredito que o conhecimento não deve ser guardado apenas para si, mas sim compartilhado e utilizado como uma ferramenta para impulsionar mudanças positivas na sociedade.

Ao longo da minha jornada, pude perceber que o aprendizado é um processo contínuo e que sempre há algo novo para ser descoberto. A cada conquista, surge um novo desafio a ser superado e isso me motiva a buscar constantemente novos conhecimentos e habilidades.

Neste capítulo, desejo apresentar estratégias e recursos para que você desenvolva uma mentalidade de crescimento, pois o conhecimento também me proporcionou uma maior compreensão do mundo ao meu redor. Pude perceber a importância de estar atualizada e informada sobre diversos assuntos, tanto no âmbito profissional quanto no pessoal. Essa busca por conhecimento trouxe-me uma visão mais ampla e crítica, permitindo-me analisar diferentes cenários com uma nova mentalidade. Desenvolver uma mentalidade de crescimento é essencial para alcançar o sucesso e enfrentar os desafios da vida de forma positiva.

Uma das estratégias mais importantes é buscar sempre o aprendizado contínuo. Ter uma mentalidade de crescimento significa estar aberto a novas ideias, perspectivas e conhecimentos. Isso pode incluir a leitura de livros, a participação em cursos ou *workshops*, o acompanhamento de palestras ou conferências e a busca por mentores ou pessoas inspiradoras para aprender com elas.

Além disso, é fundamental desenvolver uma atitude positiva em relação aos desafios e fracassos. Em vez de encará-los como obstáculos intransponíveis, veja-os como oportunidades de aprendizado e crescimento. Assuma a autorresponsabilidade sobre todas as suas ações e dedique-se ao máximo no seu desenvolvimento pessoal, dessa forma criará uma nova mentalidade.

A especialista Carol S. Dweck (2017) realizou estudos que comprovam a existência de dois tipos de mentalidades: a fixa e a de crescimento. A mentalidade de crescimento é uma abordagem poderosa para alcançar o sucesso e o desenvolvimento pessoal. Ela se baseia na crença de que nossas habilidades e inteligência podem ser aprimoradas por meio do esforço e da dedicação. Ao contrário da mentalidade fixa, que acredita que nossas capacidades são fixas e imutáveis, a mentalidade de crescimento convida-nos a abraçar desafios, aprender com os erros e buscar constantemente o aprimoramento.

Por outro lado, a mentalidade de crescimento envolve a crença de que os talentos e as habilidades podem ser desenvolvidos com dedicação e persistência. Nessa mentalidade, as pessoas compreendem que o esforço e a prática são fundamentais para o progresso e o sucesso. Elas veem os desafios como oportunidades de aprendizado e estão dispostas a superar obstáculos.

Você, fazendo uma autoavaliação, percebe-se em qual mentalidade? Fixa ou de crescimento?

Na minha busca por desenvolver estratégias para uma mentalidade de crescimento, considerei algumas práticas eficazes que compartilho com você:

1. buscar autoconhecimento: busque conhecer seus pontos fortes e áreas de desenvolvimento. Isso pode ser feito por meio de avaliações de perfil comportamental, processos de *coaching*, *feedback* de colegas e reflexão pessoal. Consciência sobre si mesmo é fundamental para o crescimento.
2. buscar constantemente aprendizado e desenvolvimento: para desenvolver uma mentalidade de crescimento, é fundamental que você esteja em lugares diferentes com pessoas que já conquistaram o que você deseja e faça cursos e leituras que lhe acrescentem. Esses novos ambientes serão como dopamina na sua jornada de crescimento.
3. estabelecer metas: defina metas claras e realistas, tanto a curto prazo quanto a longo prazo. Certifique-se de que as metas sejam específicas para que você possa traçar um plano de ação e realização até conquistá-las. Ao estabelecer objetivos desafiadores, mas alcançáveis, você cria um senso de propósito e motivação para continuar aprendendo e se desenvolvendo.
4. manter uma atitude positiva diante dos desafios: uma mentalidade de crescimento exige que você veja os desafios como oportunidades de aprendizado e crescimento. Em vez de se desencorajar diante das dificuldades, procure encará-las como um meio de adquirir novas habilidades e conhecimentos. Mantenha uma atitude positiva e acredite em sua capacidade de superar qualquer obstáculo, resiliência é fundamental nessa construção.

5. entender que os erros e fracassos são parte do processo de aprendizado: pessoas com mentalidade de crescimento entendem isso. Em vez de desanimarem ou se sentirem derrotadas, elas aprendem com suas falhas e as encaram como uma chance de melhoria.
6. buscar receber *feedback* nos possibilita acreditar que habilidades e talentos podem ser desenvolvidos ao longo do tempo, por meio de esforço, prática e *feedback*. Nesse sentido, o *feedback* desempenha um papel crucial, pois fornece informações valiosas sobre nossos pontos fortes e áreas de melhoria, permitindo que possamos progredir e nos desenvolver.

Considero que esses recursos possibilitarão a você acessar uma mentalidade de crescimento e consequentemente ao sucesso e êxito.

Por outro lado, na perspectiva da mentalidade fixa, as pessoas acreditam que possuem um limite em seu potencial e que não são capazes de mudar suas capacidades. Muitas vezes essa mentalidade fixa está correlacionada com crença de capacidade, ou seja, uma crença limitante.

As crenças limitantes têm um papel significativo no desenvolvimento de uma mentalidade de crescimento. Essas crenças são ideias ou pensamentos negativos que acreditamos sobre nós mesmos, nossas habilidades e nosso potencial. Elas nos limitam e nos impedem de alcançar nosso pleno desenvolvimento.

No início deste capítulo contei minha trajetória e que precisei vencer as crenças limitantes que adquiri na minha infância. Foi por um processo longo de autoconhecimento e desenvolvimento das minhas habilidades que construí uma mentalidade de crescimento por meio de esforço, persistência e aprendizado contínuo.

Ao desafiar nossas crenças limitantes e adotar uma mentalidade de crescimento, abrimos portas para o desenvolvimento pessoal e profissional. Entendendo essa dimensão é que consegui transpor minhas crenças limitantes impostas pelo ambiente em que fui criada e, consequentemente, busquei novas oportunidades de aprendizado, adquiri novas habilidades e expandi meus conhecimentos em áreas nas quais inicialmente acreditava não ser boa.

No entanto, é importante lembrar que nossas habilidades e talentos são maleáveis e podem ser desenvolvidos ao longo do tempo. A neurociência nos mostra que o cérebro é capaz de criar novas conexões e aprender novas habilidades, independentemente da idade.

Por fim, a estratégia mais eficaz que adotei foi buscar conhecimento e aprender com pessoas que já possuem uma mentalidade de crescimento, pois podemos trocar experiências e ideias com pessoas que compartilham dos mesmos objetivos. Se eu consegui, você também consegue!

Referência

DWECK, Carol S. *Mindset*: a nova psicologia do sucesso. Rio de Janeiro: Objetiva, 2017.

“Desenvolver uma mentalidade de crescimento é essencial para alcançar o sucesso e enfrentar os desafios da vida de forma positiva.”

Kellen Policha

LU BAZANTE

Sou Lu Bazante, entusiasta por transformação, desenvolvimento e melhorias! Formações: Engenharia e Administração. Especializações: nos temas de Qualidade, Produtividade, Gestão, Segurança de Alimentos e Relações Internacionais. Formações e titulações complementares: *Coaching*, PNL, Hipnose, *Green Belt*, líder de auditoria, entre outras. Como a vida está em movimento, estou cursando um mestrado em Administração (linha: Inovação e Sustentabilidade) e Psicanálise. Acredito que as melhores soluções são encontradas a partir da abordagem técnico-comportamental.

Com mais de vinte anos de experiência, atualmente atuo como consultora, mentora, palestrante, treinadora, auditora, conselheira e professora.

Venha me encontrar no perfil do Instagram ou no perfil do LinkedIn.

lu.bazante

Lu Bazante

21

ALCANÇANDO OBJETIVOS COM DISCIPLINA

Por Lu Bazante

Deixe-me começar fazendo duas perguntas para você:

1. Você é do tipo que planeja ou prefere deixar a vida simplesmente acontecer?

2. Você já parou para pensar se o estágio atual de sua vida é exatamente o que desejava para hoje ou se está distante do que idealizou?

Vou dar um tempo para que responda. Fiz essas perguntas porque muitas pessoas estão passando por suas vidas sem realmente vivê-las ou estão em uma vida aquém do que poderiam estar vivendo. Estão estressadas, pouco produtivas, não se cuidam, procrastinam muito, não têm certeza sobre o que querem para si, dizem não ter tempo para estar com as pessoas importantes ou para passar algum momento de lazer, perdem tempo sem saber que direção seguir, têm dificuldade em atingir bons resultados... Você provavelmente conhece alguém assim ou até está nessa situação.

Isso acontece porque boa parte das pessoas está vivendo de tal forma no modo automático, que pouco conhece sobre si ou sobre como construir uma vida melhor, seja na esfera pessoal ou profissional. Sequer entende que deve estabelecer objetivos para atingir resultados ou sabe a melhor forma de fazê-lo. Isso pode estar acontecendo com você agora.

Que tal começar a se aprofundar em uma palavrinha que pode mudar completamente tal cenário e levar sua vida ao patamar que você deseja? Planejamento. Eu sei, você já deve saber sobre planos e planejamento, mas esse termo está diretamente ligado ao nosso capítulo, então vamos seguir em frente?

O ato de planejar está relacionado a construir sistematicamente os objetivos e as ações que nos levam aos resultados que desejamos, também relacionado a outros fatores como conhecer a missão, a visão, o propósito etc. No capítulo que está lendo agora, vamos colocar em foco como você pode aprender a definir bem os objetivos e alcançá-los de forma disciplinada.

Mas, para falar sobre objetivos, é importante saber que, antes de defini-los, você precisa entender um pouco sobre propósito, missão e visão. Dê uma olhada nos conceitos a seguir:

- Propósito é algo que oferece sentido para a vida, está atrelado a ter consciência sobre o porquê da sua existência, de maneira que você passe a ter uma sensação de direção e significado.
- Missão é aquilo que elegemos para realizar, é o motivo pelo qual nos levantamos diariamente e que nos direciona a cumprir nosso propósito.
- Visão é aonde quero chegar, é algo a ser atingido.

Os três conceitos aplicam-se tanto a questões pessoais quanto a organizacionais, devendo ser definidos claramente antes da construção dos objetivos.

Em ambas as esferas, pessoal ou profissional, você vai precisar começar o planejamento a partir da construção dessas definições e, em seguida, será necessário investir em fatores como busca de informações ou autoconhecimento, entendimento dos cenários externos e internos, entre outros. Quanto mais informações tiver, maior sucesso alcançará na construção do seu planejamento, incluindo a definição dos objetivos.

Falando em objetivo, você sabe o que ele significa? Um objetivo é o alvo, aquilo que se pretende alcançar ou aonde se quer chegar. A sua função é assegurar que caminhemos para a direção certa, sem nos desviarmos e sem trabalharmos em algo não relacionado ao nosso propósito, missão ou visão. Trata-se de definir o ponto de chegada para que todos possam buscar o caminho a ser tomado.

Nesse momento, pare um pouco para refletir e responda para si: Seus objetivos estão definidos (sejam pessoais ou organizacionais)? Respondeu? Vamos continuar então.

Uma outra palavra diretamente ligada ao objetivo e cuja importância algumas pessoas se esquecem é a meta. A meta nasce do objetivo, é o caminho a trilhar, com ações que precisam ser realizadas de maneira organizada, com início e fim definidos, para atingir determinado objetivo. São marcos que apoiam na conquista de algo maior, que é o objetivo. Esses marcos, então, permitem a avaliação do desempenho do planejamento e são destrinchados em ações que orientam o progresso de tal planejamento. Isso facilita a execução do plano e o entendimento sobre como está o atingimento do objetivo ou o quanto falta para alcançá-lo. Dessa forma, é possível fazer ajustes, quando necessários, aproximando a execução do plano à realidade.

Pode-se dizer que a diferença entre objetivo e meta é que o objetivo diz respeito ao que desejamos alcançar, enquanto a meta está relacionada às ações e aos detalhes que irão levar a atingir o objetivo.

Outro entendimento tão importante quanto definir objetivos e metas é que essa definição seja bem clara. Isso é o ponto de partida de todas as realizações: a riqueza de detalhes, que facilita o entendimento sobre o que deve ser feito, como deve ser feito, quem fará, quando começa e termina... e que, também, permite a construção de um plano e o seu monitoramento. Objetivos pouco claros ou pouco eficazes podem causar prejuízos, como perda de tempo, perda de dinheiro, entre outros. Imagine se você, por exemplo, precisar perder peso por recomendação médica, mas não tem certeza de quanto deve perder e em quanto tempo. A probabilidade de não conseguir atingir a perda de peso é muito alta, porque faltam informações relevantes, o que vai provavelmente levar você a situações como realizar ações de qualquer maneira, escolher mal as ações ou ter dificuldade para monitorar. O mesmo ocorre dentro de uma organização: imagine uma empresa que exige o aumento das vendas, mas não deixa claro de quanto seria. Quais ações as pessoas devem adotar e como devem ser feitas? Percebe a importância de definir bem os objetivos e de forma clara?

Para melhorar a clareza do que deve ser atingido, foi criado o conceito de metas SMART. É um acrônimo da palavra inglesa *smart* (inteligente), que inicialmente criou critérios para as organizações determinarem seus objetivos e buscarem os meios de alcançá-los, mas que hoje também é adotado para objetivos pessoais. Sendo assim, uma meta SMART deve ajudar a alcançar os objetivos de maneira inteligente, de acordo com os seguintes critérios:

- S (Específica): o que deve ser alcançado e as ações que serão necessárias para se chegar lá com clareza.
- M (Mensurável): defina indicadores para mensurar o progresso da meta, da execução do plano.
- A (Alcançável): defina as metas que possam ser realmente atingidas, levando em consideração todos os detalhes que envolvem o seu alcance. Escolha metas possíveis.
- R (Relevante): escolha os objetivos e metas mais importantes para você. É importante compreender que nem todos os objetivos que podem ser alcançados valem a pena ser adotados para certo momento. Alguns deles podem não ser tão relevantes para as suas necessidades atuais e você deve usar seus esforços em outros objetivos que o sejam.
- T (Temporal): estabeleça um prazo para alcançar a meta. É sobre determinar a linha de chegada.

Viu como vai ficando mais fácil chegar ao objetivo e, consequentemente, ao resultado que você deseja? Vamos a um exemplo? Sabe o caso da perda de peso? Você está com 90 kg e vários problemas de saúde devido ao sobrepeso, então o médico sugeriu perda de peso progressiva. Se você e ele não tivessem lido este livro, com certeza definiriam o objetivo conforme a seguir:

A. Objetivo definido da forma errada: "perder peso".

Mas, como ambos leram o livro, decidiram definir em conjunto o seu objetivo real e meta, começando a conversar para analisar as informações e detalhes relacionados, como: peso atual, altura, peso desejável, resultados de exames, alergias, rotina, verba disponível etc.

Assim, chegaram a este formato:

B. Objetivo + meta definidos da forma correta:

Perder 12 kg em 12 meses. Ou seja, 1 kg a ser perdido por mês.

A partir de então, definiram várias ações para atingir esse resultado, tais como a alimentação que deveria ser adotada, o tipo de atividade física e quantas vezes por semana, as datas de retorno ao médico, o que fazer em substituição às ações que não trouxeram bons resultados, entre outras. Além disso, também definiram a forma de medir a execução do progresso: pesagem. Se o indicador, que está relacionado ao resultado da pesagem, estiver conforme o desejado, continua com as ações. Se não estiver conforme, volta para o médico para estudar se por acaso não cumpriu corretamente as ações ou se alguma ação precisa ser ajustada.

Percebeu que os cinco critérios SMART estão envolvidos nessa definição? Essa mesma lógica também pode ser aplicada a objetivos organizacionais, como aqueles relacionados a receita, perdas... e aplicada à sua carreira.

Na construção do seu plano de ação, você pode usar a ferramenta 5W2H, na qual são respondidas sete perguntas, sendo elas cinco com W (*What* — o que deve ser feito; *When* — quando deve ser feito; *Where* — onde deve ser feito; *Who* — quem deve fazer; e *Why* — por que deve ser feito) e duas com H (*How* — como fazer e *How much* — quanto custa fazer), de maneira que as ações tenham clareza o suficiente para serem cumpridas. Não restarão dúvidas! Se desejar usar um plano mais simples, pode fazer uma adaptação, desde que, no mínimo, deixe claro o que deve ser feito (*What*), por quem (*Who*) e quando (*When*).

Viu a distância do formato A para o formato B? Como faz diferença para atingir os seus resultados usar um modelo da maneira correta! Seus sonhos, planos e objetivos serão melhor atingidos dessa forma!

Esse modelo por si só já contribui para construir disciplina na busca por seus objetivos, mas adicione fatores como: desenvolver a autoconsciência, estimular a resiliência e flexibilidade, trabalhar o foco, aprender sobre produtividade e técnicas antiprocrastinação, ser perseverante e celebrar as pequenas e grandes conquistas. Não subestime as questões comportamentais.

O profissional do futuro precisa começar a partir de agora a desenvolver estes conhecimentos, habilidades e atitudes. O seu desempenho nunca mais será o mesmo!

“Vamos juntos nesta jornada. Encontro você no final da sua zona de conforto. É lá que começa a transformação.”

Lu Bazante

LUCIANE W. ANDRADE

Sou natural do Paraná, moro em Biguaçu/SC, nasci em 02/04/1976, casada com Fábio e mãe de três filhos: Gabriela, Artur e Fábio Jr. (*in memoriam*). Empresária, palestrante e mentora. Cristã, sempre gostei de me conectar com pessoas.

Meu objetivo neste capítulo é ajudar e inspirar você a ser mais resiliente e enfrentar seus desafios diários e dizer que existe um propósito para você. Aqui, irei contar um pouco da minha história, porque superei e me adaptei a grandes desafios e perdas dolorosas, e afirmar que desistir não é a melhor opção, pois acredito que Deus preparou coisas extraordinárias para nós. Nesses últimos anos, tenho vivido experiências que me transformam a cada dia, trazendo-me consciência de que estou aqui para cumprir um propósito.

luciane_weber_andrade

+55 (48) 98836-1817

A PROFISSÃO DO **FUTURO**

22

A IMPORTÂNCIA DE SER RESILIENTE

Por Luciane W. Andrade

Você, em algum momento da sua vida, já parou para pensar sobre resiliência? E por que é tão importante ser resiliente no ambiente de trabalho?

Resiliência no trabalho é a habilidade necessária para pessoas dentro das organizações. É a característica que alguns profissionais têm, e outros, não, de responder com rapidez as diversas situações profissionais sem se abalar, ou se houver alguma situação de estresse, continuar agindo de forma natural. Quando se tem falhas em alguma operação, é saber agir rapidamente e continuar agindo de forma natural sem deixar afetar seu emocional.

A nossa empresa vem buscando cada vez mais pessoas com habilidades de resiliência, por já ter passado por situações muito desafiadoras, principalmente em 2020, quando enfrentamos a pandemia. Para nós, que trabalhamos no ramo de supermercados, foi um período muito desafiador. Naquele momento foi preciso nos adaptar a situações totalmente adversas, com muita rapidez, empresas fechando as portas, indústrias parando suas produções, pessoas ficando desempregadas, e indivíduos, de forma desesperada, estocando alimentos em suas casas. Foram muitas pressões, angústias e medo, porque naquele momento o país foi tomado por uma incerteza. Graças a Deus tivemos ao nosso lado pessoas de tamanha resiliência, que não mediram esforços, adaptaram-se e se mantiveram firmes conosco, e então percebemos o quanto é importante selecionar e contratar pessoas com esse perfil para nossa empresa.

Talvez esse assunto nunca tenha sido de grande importância para você, mas no momento que estamos vivendo o mercado de trabalho precisa sempre buscar pessoas com capacidades para enfrentar situações complexas, adaptando-se às mudanças com otimismo e resistência.

Quando você se vê em um cenário de crise, é extremamente desafiador, por isso a grande importância de estar cercado de profissionais que decidem seguir com você, permanecem equilibrados no mercado de trabalho e com foco para resolver os problemas.

Imagine você que, naquele mesmo ano, no dia 09/05/2020, aconteceu em nossa família a maior perda, que foi a morte do meu filho mais velho, Fabio Jr. Naquele momento da minha vida eu pensei que não iria mais dar conta, que eu não conseguiria viver com as pressões do dia a dia, com a dor, a angústia, o medo de não suportar a ausência dele. Eu olhava para minha vida, para os meus filhos e para a empresa, que passava por tantos desafios em meio à pandemia, e perguntava para Deus: "Meu Deus, o que vou fazer agora?" Mas quando você levanta seus olhos para o céu, percebe que de lá vem a sua força. Naquele momento, uma força universal tomou conta de mim. Então Deus mandou-me dizer: "Seja forte e corajoso! Não se apavore nem desanime, pois o Senhor, o seu Deus, estará com você por onde você andar" (Josué 1:9).

Na Bíblia, a resiliência está profundamente ligada à fé. Ao confiarmos no poder e nas promessas de Deus, podemos resistir a qualquer adversidade. E eu sabia, eu sentia que podia acreditar e confiar nas promessas de Deus. Até então eu não imaginava e não sabia o tamanho do propósito que Deus estava preparando para minha vida: o propósito de ajudar pessoas e empresas a superarem seus desafios, suas dores ou fraturas emocionais.

E foi então que mais uma vez tomei uma grande decisão. Decidi não desistir, afinal de contas tinha mais dois filhos, Gabriela e Artur. Tínhamos um propósito de vida; apesar daquele amado filho não estar mais conosco fisicamente, eles também eram merecedores de tudo aquilo que planejamos e continuaríamos firmes em nossa jornada, enfrentando todas as pressões e desafios com resiliência e sabedoria.

Por isso, não pense que resiliência só deve estar alinhada com seu profissional. Enquanto você tiver resiliência, Deus irá auxiliar você em todos os momentos, porque seu maior auxílio vem dos céus. Para mim, na atualidade, é um estilo de vida; muitas pessoas me conhecem pela forma com que administro cada situação no desenvolver da minha vida e das pessoas que estão comigo. Assim como eu, acredite que você também age com resiliência em muitas situações da sua vida e muitas vezes até sem perceber, e você pode estar se relacionando com pessoas de uma resiliência extraordinária e transformando a sua vida sem que você perceba. Pense nisso!

Portanto, acredito que devemos estar sempre investindo em nosso desenvolvimento. Às vezes penso: se eu não tivesse buscado desenvolvimento pessoal e emocional, quais seriam as minhas atitudes perante os acontecimentos? E assim devemos pensar sobre nossas empresas. As empresas da atualidade precisam cada vez mais investir no desenvolvimento dos seus colaboradores, desenvolver e potencializar habilidades pessoais, porque quanto mais profissionais capacitados e aptos a resolver situações de pressão dentro da organização, mais ganhos positivos a empresa irá ter.

E, para que isso aconteça, nós precisamos estar em constante evolução, cada vez mais em busca do autoconhecimento, porque, atualmente, está cada vez mais desafiador lidar com pessoas dentro de uma organização. Ser resiliente em nosso trabalho não quer dizer que devemos ser tolerantes a tudo e a todos. Acredito que o profissional atual precisa estar disposto a se adaptar às diferenças entre as pessoas e aos processos da empresa. Ser resiliente no ambiente de trabalho é muito importante, porque isso nos diferencia das outras pessoas.

Resiliência no ambiente de trabalho é uma característica importante para o colaborador que almeja cargos, como liderança e gestão de pessoas. Estes precisam entender como lidar com cada perfil. Afinal, são cargos que exigem muitas responsabilidades, porque saber lidar e se relacionar com pessoas de uma equipe exige ainda maiores responsabilidades.

Assim como a empresa deve investir em um RH que esteja alinhado com a missão, a visão e os valores da empresa, pois este é um setor de grande importância dentro da organização. É nele que começam as principais etapas para o desenvolvimento das pessoas, onde é necessário ter uma equipe com habilidades para selecionar e contratar pessoas para cada setor de uma organização. Além disso, o RH precisa exercer a missão de capacitar, desenvolver e acompanhar essas pessoas para que haja um clima harmonioso e organizado no ambiente de trabalho.

Mas como podemos identificar se um colaborador é resiliente? Um profissional resiliente consegue separar o que é estritamente profissional, não levando questões para o lado pessoal. Pessoas resilientes são otimistas e persistentes, estão dispostas a se reinventar a todo momento. Além disso, conseguem distinguir quais críticas são válidas e quais não fazem sentido para o seu crescimento profissional.

De quais características essa pessoa precisa? Aqui sugiro algumas básicas:

1. adaptar-se às adversidades das pessoas;
2. recuperar-se de fortes crises ou perdas rapidamente;
3. otimismo;
4. controle emocional;
5. autoconfiança;
6. aceitação positiva a mudanças;
7. suportar e superar problemas;
8. flexibilidade;
9. criatividade;
10. empatia.

A grande importância de sermos resilientes em um mundo de negócios é porque nós, empreendedores e líderes, precisamos usar nossas habilidades de inspirar, convencer e motivar para ajudar as pessoas a fazer o que precisa ser feito. E não usando habilidades difíceis para provar nosso poder perante as pessoas, pois não é sobre isso que falamos.

Agora, quero que você imagine um rio, que no seu fluxo encontra uma barreira. Como ele iria se comportar? Ele, por sua natureza, vai contornar esse obstáculo, ele vai se movimentar e procurar seguir o seu caminho natural[1]. Em nossa vida, tanto profissional como pessoal, encontramos situações que nos desafiam a todo momento, que podem nos fortalecer cada vez mais ou nos deixar com sentimentos tóxicos, dores e fraturas emocionais, que para muitas pessoas podem durar uma vida, depende do significado que você der para determinado acontecimento.

Quero deixar para você cinco sugestões para se tornar uma pessoa resiliente.

1. Não tenha medo de mudanças, pois elas acontecem rápido.
2. Desafie a si mesmo a todo momento, pois tudo o que nos desafia nos transforma.
3. Tenha pensamentos positivos, uma mente alimentada pelo positivismo rompe barreiras.
4. Não tenha medo de fazer, pois o medo deixa você estagnado no tempo.
5. Peça sempre auxílio a Deus.

Sobretudo, resiliência é um propósito que nos ensina a enfrentar dificuldades, desafios e adversidades com melhor desenvoltura, para encontrarmos

1 Metáfora comentada em aula prática on-line com Augusto Cury.

motivações e habilidades internas que nos levem a uma transformação, tornando-nos fortes e persistentes, preparando-nos para sempre recomeçar e nos adaptar às mudanças que o mundo e a vida nos exigem.

Se dentro da nossa empresa não acreditarmos em nosso negócio e nas pessoas envolvidas, tenha certeza de que você está no negócio errado. Para que você prospere, de fato, é necessário acreditar, crer que vai dar certo, pois se você colocar energia positiva e foco, tenha certeza de que coisas extraordinárias acontecerão em sua vida e na sua empresa, principalmente se estiver alinhado a um propósito de vida.

Eu espero que este capítulo, que foi escrito de maneira simples, tenha virado uma chave na sua vida. Talvez não tenha sido no seu pilar profissional, mas talvez em algum momento você foi tocado por alguma emoção, e está tudo certo, pois em nossa vida somos guiados por nossas emoções. O meu desejo é que, após terminar esta leitura, você pare por alguns minutos e faça uma autoavaliação para checar como está a sua vida hoje. Aqui trago[2] os pilares mais importantes para que você traga consciência e verifique se algum deles está alinhado ao seu propósito de vida.

Dê uma nota de 0 a 10 para cada pilar e, depois, escreva um plano de ação para cada um deles, gerando mudanças positivas em sua vida.

- Profissional:
- Espiritual:
- Emocional:
- Conjugal:
- Parentes:
- Filhos:
- Social:
- Saúde:
- Financeiro:
- Intelectual:
- Servir:

Agradeço a Deus pela oportunidade de fazer parte desta obra tão poderosa e que pode transformar nosso dia.

2 Baseado em minha formação em *Coaching* com Paulo Vieira.

"Enquanto você tiver resiliência na sua vida, Deus irá auxiliá-lo em todos os momentos, porque o seu maior auxílio vem dos céus."

Luciane W. Andrade

MAIARA GENUARIO

Sou Maiara Genuario, de Adamantina/SP, onde moro com minha família: meu marido, Tiago Chagas, com quem sou casada há quatorze anos, e nossos filhos, Laura e João Pedro. Sou de temperamento colérico, perfil executora, mentora comportamental, escritora, palestrante, analista comportamental e especialista em desenvolver empreendedoras de vendas diretas. Minha trajetória de sucesso foi construída superando grandes desafios e provando que é possível mudar a própria vida por meio do autoconhecimento e do desejo de ajudar os outros. Atuo com vendas diretas desde 2010, com muitas conquistas, e fui líder de vendas por sete anos. Agora, ofereço mentoria a líderes que desejam ter uma alta performance.

maiaragenuario

+55 (18) 99727-8381

Maiara Genuario

www.mentoracomportamental.com.br

maiara.mentoracomportamental@gmail.com

23 COMPREENDENDO E UTILIZANDO *FEEDBACK*

Por Maiara Genuario

Quando comecei minha jornada como mentora comportamental em liderança, uma das primeiras lições que aprendi foi a importância de compreender e utilizar *feedback*. Na profissão do futuro, em que as interações humanas são cada vez mais complexas e diversas, a habilidade de entender as reações e necessidades das pessoas por meio do *feedback* torna-se crucial.

Sempre acreditei que o *feedback* é uma das ferramentas mais poderosas para o crescimento pessoal e profissional. Ele não apenas nos informa sobre como estamos nos saindo, como também nos oferece *insights* sobre como podemos melhorar. No entanto, nem sempre foi fácil para mim aceitar e dar *feedback* de forma construtiva. Foi com muita prática e reflexão que desenvolvi uma abordagem que considero eficaz.

A base de qualquer *feedback* eficaz é a escuta ativa. Como mentora, sempre me esforço para ouvir atentamente o que meus mentoreados têm a dizer, sem interrompê-los ou fazer julgamentos precipitados. Essa escuta ativa não apenas demonstra respeito e empatia, como também me permite captar nuances e emoções que podem não ser expressas diretamente. É por meio dessa escuta atenta que consigo entender verdadeiramente as necessidades e preocupações dos meus mentoreados.

Outra lição vital que aprendi é a importância de comunicar o *feedback* de forma clara e específica. Comentários vagos ou genéricos raramente são úteis. Em vez disso, procuro fornecer *feedback* detalhado, apontando comportamentos específicos e suas consequências. Por exemplo, em vez de dizer "você precisa ser mais proativo", prefiro dizer "notei que no último projeto você esperou por instruções em vez de tomar a iniciativa. Isso resultou em atrasos que poderiam ter sido evitados".

Dar *feedback* construtivo é uma arte. Requer sensibilidade e diplomacia, especialmente quando ele é negativo. Minha abordagem é sempre começar destacando algo positivo. Isso ajuda a criar um ambiente de confiança e abre as portas para uma conversa mais produtiva. Depois, apresento o *feedback* negativo de forma cuidadosa, focando o comportamento e não a pessoa. Finalmente, ofereço sugestões práticas para a melhoria.

Como mentora, também preciso ser receptiva ao *feedback* que recebo. Isso pode ser desafiador, pois exige humildade e a disposição de reconhecer nossas próprias falhas. No entanto, acredito firmemente que essa receptividade é essencial para o meu crescimento contínuo. Encaro o *feedback* como uma oportunidade de aprendizado e desenvolvimento, e incentivo meus mentoreados a adotarem a mesma atitude.

Receber *feedback* pode ser desafiador, mas algumas estratégias podem tornar o processo mais produtivo:

- **mente aberta:** veja o *feedback* como uma chance de aprender;
- **escuta ativa:** preste atenção plena ao que está sendo dito, sem interrupções;
- **reflexão:** pense sobre o *feedback* recebido, buscando entender a perspectiva do outro.

Uma das maiores vantagens de compreender e utilizar *feedback* é a capacidade de adaptar nossas estratégias. Ele nos fornece dados valiosos sobre o que está funcionando e o que não está. Com base nesses dados, podemos ajustar nossas abordagens e melhorar nossos resultados. Por exemplo, se percebo que um determinado método de treinamento não está sendo eficaz, ajusto minha abordagem até encontrar uma que funcione melhor para aquele grupo específico.

No contexto da liderança, o *feedback* desempenha um papel crucial no desenvolvimento dos líderes. Líderes que são adeptos a dar e receber *feedback* de forma eficaz tendem a ser mais bem-sucedidos em suas funções. Eles conseguem criar um ambiente de transparência e confiança, em que as equipes se sentem à vontade para compartilhar suas opiniões e preocupações. Isso não apenas melhora a moral e o engajamento, como também leva a uma maior inovação e desempenho.

Para que o *feedback* seja verdadeiramente eficaz, é importante criar uma cultura de *feedback* dentro da organização. Isso significa encorajar a todos, desde os líderes até os funcionários de linha de frente, a dar e receber *feedback* de forma regular e construtiva. Como mentora, trabalho com líderes para ajudá-los a construir essa cultura, fornecendo treinamento e apoio contínuos. Enfatizo a importância de dar *feedback* de forma regular, em vez de esperar por revisões anuais de desempenho.

Existem várias ferramentas e técnicas que podem ser usadas para facilitar o processo de *feedback*. Algumas das que considero mais úteis incluem:

- ***feedback* 360 graus:** coleta *feedback* de várias fontes, incluindo colegas, subordinados e superiores, proporcionando uma visão mais completa do desempenho;
- **reuniões *one-on-one*:** sessões regulares e individuais que permitem discussões abertas e honestas sobre desempenho e desenvolvimento;
- **análise SWOT:** avaliação das forças, fraquezas, oportunidades e ameaças, que pode ser usada para estruturar *feedback* de forma clara e acionável;
- **método SAIA:** criado por Marina Moretz.

Para estruturar o *feedback* de forma ainda mais eficaz, apresento quatro passos essenciais, baseados no método SAIA (Situação, Abertura para sentimento, Impacto, Ação positiva de futuro). Vamos aplicar esse método a um exemplo de *feedback* humanizado que um gestor pode usar para ajudar um membro de sua equipe a melhorar seu desempenho.

Situação

É importante focar o comportamento específico, e não a pessoa. Por exemplo, se Mariana, uma das integrantes da equipe, não tem cumprido os prazos estabelecidos para suas tarefas, você poderia dizer: "Mariana, quero falar com você sobre o cumprimento dos prazos nas últimas semanas. Percebi que alguns de seus projetos foram entregues depois do prazo combinado". Nesse momento, você deve se silenciar. Apresente o fato sem continuar desabafando. Muitas vezes, tendemos a aproveitar o momento para desabafar sobre tudo o que a pessoa tem feito, mas isso só machuca. Foque a situação específica que está sendo abordada, sem generalizar.

Abertura para sentimento

Compartilhe como você se sente em relação à situação observada. Por exemplo: "quando os prazos não são cumpridos, eu me sinto preocupado e ansioso sobre o andamento do projeto". Quando você expressa seu sentimento com coragem, você se conecta com a outra pessoa e gera empatia. Esse momento é sobre mostrar vulnerabilidade, não sobre focar o problema ou causar mais dor.

Impacto

Explique porque essa situação é importante para você e como ela impacta o trabalho da equipe. Diga algo como: "Mariana, quero lhe contar porque me sinto assim. Para mim, é crucial que os prazos sejam cumpridos, porque isso garante que o projeto como um todo avance conforme o planejado. Quando um prazo é perdido, isso pode afetar a programação e o trabalho de outros membros da equipe".

Ação positiva de futuro

Faça um pedido claro, olhando nos olhos da pessoa: "Mariana, quero lhe pedir que, nas próximas semanas, você se esforce para cumprir os prazos estabelecidos. Se perceber que não vai conseguir, por favor, me avise com antecedência para que possamos encontrar uma solução juntos". O foco deve ser uma ação positiva futura, evitando retornar ao problema ou à dor passada. O objetivo do *feedback* é sempre resolver a situação e incentivar ações mais positivas e eficazes no futuro.

No contexto da **profissão do futuro**, a habilidade de entender e utilizar *feedback* humanizado é essencial para qualquer gestor. Ao aplicar o método SAIA, os gestores podem criar um ambiente de trabalho mais colaborativo e positivo, em que todos se sentem valorizados e motivados a melhorar continuamente. O *feedback* humanizado não apenas resolve problemas específicos, como também fortalece a confiança e o respeito mútuo dentro da equipe, fatores críticos para o sucesso em um ambiente de trabalho cada vez mais dinâmico e interconectado.

Como parte deste livro, nosso objetivo é fornecer ferramentas práticas e eficazes para ajudar profissionais de gestão a entenderem e melhorarem as interações com suas equipes. Compreender e utilizar o *feedback* de maneira humanizada é uma habilidade indispensável para liderar com empatia e eficácia, preparando assim os profissionais para desafios e oportunidades da profissão do futuro.

Apesar de seus benefícios, o *feedback* nem sempre é bem-vindo. Algumas pessoas podem se sentir defensivas ou desencorajadas ao receber críticas. Como mentora, é meu papel ajudar meus mentoreados a superar essas barreiras. Isso envolve criar um ambiente seguro e de apoio, onde o *feedback* é visto como uma ferramenta para o crescimento e não como uma crítica pessoal.

Uma vez recebido o *feedback*, é crucial utilizá-lo de maneira eficaz:

- **ação imediata:** identifique ações concretas que você pode tomar imediatamente;
- **planejamento:** desenvolva um plano de ação detalhado para abordar áreas de melhoria no longo prazo;
- **monitoramento:** acompanhe seu progresso regularmente e ajuste suas ações conforme for necessário.

Não saia da reunião de *feedback* com dúvidas, se ainda não entendeu o que esperam de você, faça perguntas como:

- Pode dar um exemplo específico?
- Como você sugere que eu melhore nesta área?
- Quais recursos ou suportes eu poderia utilizar para melhorar?

À medida que avançamos para o futuro, a habilidade de compreender e utilizar *feedback* tornar-se-á cada vez mais importante. Em um mundo em que as mudanças são constantes e rápidas, a capacidade de se adaptar e evoluir será fundamental. O *feedback* oferece-nos os *insights* necessários para fazermos essas adaptações de forma eficaz. Portanto, encorajo todos os líderes e profissionais a abraçá-lo como um aliado em sua jornada de crescimento e desenvolvimento.

Em minha experiência como mentora comportamental, vi em primeira mão o impacto transformador do *feedback*. Ele tem o poder de iluminar nossos pontos cegos, reforçar nossas forças e nos guiar em direção ao nosso potencial máximo. No final, a capacidade de compreender e utilizar *feedback* não é apenas uma habilidade profissional; é uma competência essencial para qualquer pessoa que deseja crescer e prosperar em sua vida pessoal e profissional.

"O *feedback* é a bússola que nos guia no caminho do crescimento contínuo e da excelência."

Maiara Genuario

MARCELO LACERDA

Sou Marcelo Lacerda, filho de professores, que desde cedo mostraram a importância do estudo. De meu pai Celso, carrego a atitude de provedor, e de minha mãe Ivete recebi o ensinamento de celebrar as conquistas. Com certeza, eu e minha irmã Gabriela herdamos a veia professoral deles.

Em 2006, casei-me com Fabiola Lacerda, minha amada esposa, que me agraciou com dois filhos, Marcelo e Levi.

Sou administrador de empresas e gestor de negócios com experiência de vinte anos no mercado farmacêutico. Em 2022, fundei a Ative Treinamento e Consultoria, com foco em educação corporativa e capacitação. Como mentor, ajudo profissionais e líderes a construírem uma carreira sólida.

marcelobrunolacerda

+55 (62) 98122-9137

Marcelo Bruno Lacerda

ativeprofissional@gmail.com

A PROFISSÃO DO **FUTURO**

24

DESENVOLVENDO HABILIDADES DE NEGOCIAÇÃO

Por Marcelo Lacerda

Em 1999, eu estava com 18 anos e trabalhava no Disk Maternidade como atendente de *call center* no horário da meia-noite até às seis horas da manhã. O "Disk" era uma central de atendimento telefônico gratuita, localizada no Hospital Roberto Santos, que gerenciava as vagas nas maternidades públicas do estado da Bahia para encaminhamento das gestantes em trabalho de parto.

Na época, eu estudava administração de empresas na faculdade à noite, precisando me organizar bem, pois usava o carro de minha mãe para me deslocar ao trabalho.

Em uma dessas noites, minha mãe e eu fomos à Doctor Burger e encontramos Ferreira, marido da prima do meu pai. Ele me apresentou à profissão de propagandista farmacêutico, destacando os benefícios e oportunidades. As palavras de Ferreira ficaram martelando na minha mente por anos.

Durante a conversa, ele me perguntou: "Marcelo, você já ouviu falar na profissão de propagandista farmacêutico?" Até aquele dia, nunca tinha escutado falar sobre essa profissão, mas Ferreira fez questão de explicar o trabalho, os benefícios e a remuneração atrativa, que era muito superior ao que eu recebia como atendente de *call center*.

Os anos se passaram, realizei algumas transições na carreira e, em 2003, dei um primeiro passo na direção do meu objetivo. Comecei a trabalhar em uma distribuidora de medicamentos como estagiário.

A minha falta de experiência com vendas e negociação fazia-me acreditar que eu precisaria apenas passar pelas drogarias e cumprimentar os balconistas para atingir as metas de vendas, mas eu estava enganado.

Não sei se você vai recordar, mas a busca por vagas de emprego antigamente era realizada por meio dos classificados de jornais, e Fabiola viu uma oportunidade em uma farmácia de manipulação. Passei por todo o processo seletivo e fui aprovado. Aceitei o desafio, mesmo trocando um estágio por outro, mas dessa vez estaria dando um passo importante para visitar médicos e me aproximando ainda mais do cargo de propagandista.

No final de 2004, fui convidado a ingressar em uma indústria farmacêutica. O início do trabalho como propagandista foi muito desafiador, e, apesar dos bons *feedbacks*, sempre havia uma ressalva: "Marcelo, você precisa melhorar seu fechamento de vendas". Diante disso, comecei a pesquisar e investir em treinamentos e mentorias para aprimorar minhas técnicas de vendas e negociação. Nos últimos vinte anos, busquei intensamente compreender e desenvolver habilidades de negociação, tornando-me mais eficaz e consultivo nas interações comerciais. Esse esforço me levou a ser premiado a nível nacional em uma multinacional farmacêutica na qual trabalhei entre 2018 e 2022.

Em janeiro de 2022, após um processo de autoconhecimento, pedi demissão da multinacional e fundei a Ative Treinamento e Consultoria, com o propósito claro de ativar o potencial das pessoas para serem mais produtivas e desenvolverem habilidades comportamentais. Desde então, tenho usado metodologias baseadas em pesquisa para maximizar habilidades de negociação, ajudando a acelerar carreiras e negócios de forma estratégica.

Mas o que é negociação?

Negociação é uma habilidade crucial em várias áreas, do trabalho às relações pessoais. Na prática, envolve a troca de propostas, concessões e compromissos para atender às necessidades de todos os envolvidos. É um processo de comunicação entre duas ou mais partes, visando alcançar um objetivo comum, resolver diferenças e encontrar soluções benéficas que fortaleçam a relação ganha-ganha.

Para desenvolver essa habilidade, três competências principais são fundamentais: comunicação eficaz, empatia e resolução de problemas. A comunicação eficaz implica expressar ideias de forma clara, ouvir ativamente e entender as necessidades alheias. Já a empatia envolve se colocar no lugar do outro, compreendendo suas emoções e expectativas. Por fim, a capacidade de resolver problemas requer analisar opções e encontrar soluções criativas que beneficiem todas as partes envolvidas.

Ao aprimorar essas habilidades, você se torna um parceiro confiável em qualquer interação. Com o objetivo de ajudar você nesse desenvolvimento, quero compartilhar um método de quatro etapas que torna o processo mais eficiente e seguro. Essa técnica originou-se da pesquisa realizada em 23 países, com 35 mil visitas de vendas mapeadas durante doze anos, por Neil Rackham, fundador da Huthwaite International, empresa especializada em vendas, comunicação e negociação.

Método de 4 etapas para desenvolver habilidades de negociação

Antes de abordar cada uma das etapas, é necessário diferenciar dois modelos de vendas: a venda expositiva *versus* a consultiva. A venda expositiva é uma abordagem tradicional, na qual o vendedor se concentra principalmente na apresentação do produto ou serviço aos clientes, com pouco foco na compreensão das necessidades específicas deles. Já a venda consultiva é uma abordagem em que o vendedor atua como um consultor e conselheiro para o cliente. Em vez de apenas oferecer um produto, o profissional identifica as necessidades, os desafios e os objetivos do cliente, com foco em oferecer soluções personalizadas que gerem valor.

Dessa forma, a metodologia de negociação encontra espaço para ser implementada com eficiência ao seguir as etapas a seguir.

Etapa 1: qual é o real cenário do cliente?

É fundamental que você tenha uma visão clara da situação atual do cliente antes de dar qualquer passo. Com base na minha experiência, percebo que usar essas perguntas de forma natural, demonstrando interesse genuíno e fazendo com confiança, abre espaço para o cliente falar livremente sobre seu contexto.

Exemplos de perguntas para identificação do cenário do cliente:

- O que motivou a nos procurar?
- Qual é seu principal objetivo atualmente?

Etapa 2: quais são os desafios e os problemas que o cliente vem enfrentando?

Depois que o cliente passa a ter mais consciência da sua situação, chega a fase de levantar os desafios e problemas que ele está enfrentando. Seu objetivo aqui é entender as dores e frustrações dele, começando a revelar as áreas de insatisfação.

Exemplos de perguntas para descoberta dos desafios e problemas:

- Quais são os principais desafios que você enfrenta atualmente em [área relevante]?
- Como esses problemas têm afetado seus resultados?

Etapa 3: quais são as consequências se os problemas não forem resolvidos?

Na etapa 3, a premissa é criar um senso de urgência para que o cliente veja a importância de resolver essas questões. Uma das estratégias é fazer com que ele perceba o impacto e o potencial negativo dos problemas que enfrenta.

Quando você consegue destacar essas implicações, aciona o gatilho da urgência para que uma decisão seja tomada, considerando seriamente as soluções que você trará.

Exemplos de perguntas para identificação das consequências se os problemas não forem resolvidos:

- O que acontece se esse problema não for resolvido?
- Quais são as consequências no curto e longo prazo se continuar dessa forma?

Etapa 4: quais são as soluções que você possui para resolver o problema do seu cliente?

A última etapa desse modelo de negociação tem um olhar específico sobre a necessidade de solução. O seu papel nesta fase é demonstrar sua capacidade para resolver os problemas dele e atender às necessidades levantadas.

Você se posicionará como alguém capaz de transformar as dores e os desafios que ele vem enfrentando em oportunidades de melhoria por meio da sua proposta de valor.

De maneira estratégica, seu posicionamento deve ser o de conectar os pontos entre os problemas do cliente e as soluções que está disposto a oferecer, criando uma projeção mental como de uma ponte que liga diretamente à tomada de decisão. Lembre-se de ser específico, transmitindo confiança, porque você possui todas as competências necessárias para resolver o problema que ele tem.

Exemplos de perguntas para identificação das consequências se os problemas forem resolvidos:

- Como seria para você se esse problema fosse resolvido?
- Se pudéssemos eliminar essa dificuldade, como isso impactaria seus resultados?

Quando você percorre com maestria cada uma das quatro etapas na negociação, consegue compreender profundamente o cenário do cliente, identificando os desafios, destacando as consequências de não resolver os problemas e apresentando soluções personalizadas.

Adotando essá metodologia, você não apenas melhora a satisfação deles, mas também eleva a eficácia das negociações, promovendo um crescimento sustentável para sua carreira e seus negócios.

O que o mercado espera de você?

Ao longo dos anos, aprendi que negociar não é apenas sobre fechar negócios, mas sobre construir relacionamentos, entender necessidades e solucionar problemas. A cada interação, devemos nos posicionar como consultores conselheiros, empenhados em compreender de forma sistêmica as dores e os desejos de cada cliente.

Negociar é uma arte que se aperfeiçoa com prática, estudo e, acima de tudo, empatia. O sucesso nas negociações vem quando conseguimos alinhar nossos objetivos com os interesses de nossos clientes, criando parcerias duradouras e mutuamente benéficas.

Negociação não é um jogo de ganhos ou perdas; é sobre criar valor e construir relacionamentos que prosperam. Convido você a refletir sobre suas próprias habilidades de negociação. Aproveite este momento, separe um papel e uma caneta e pergunte-se:

- Como posso aprimorar minhas abordagens a partir do que li neste capítulo sobre comunicação eficaz, empatia e resolução de problemas?
- Que passos posso dar para me tornar um negociador mais eficaz e empático?

Invista em seu desenvolvimento, busque conhecimento e pratique diariamente. Lembre-se: a habilidade de negociar não é apenas uma competência profissional, mas uma ferramenta poderosa para a vida. Dê o primeiro passo hoje e veja como suas interações se transformarão positivamente. Conte comigo nesta jornada!

“Negociação não é um jogo de ganhos ou perdas; é sobre criar valor e construir relacionamentos que prosperam.”

Marcelo Lacerda

MARIA A. ROCHA

Meu nome é Maria Auxiliadora, nasci em Itabirito/MG, resido em São Paulo/SP. Sou mãe de Gláucia e Reinaldo.

Formada em Constelação Familiar pelo Instituto Fábio Magno, especialista comportamental e em *Coaching* pelo IDEC, certificada com o Método Seja Inabalável pelo Instituto OB Treinamentos, entre outros.

Minha paixão é trabalhar com mulheres e despertar nelas a memória do seu verdadeiro potencial, da sua força e capacidade, além de reconectá-las com a energia feminina equilibrada.

Sou empresária e atualmente o principal foco do meu trabalho é como terapeuta comportamental. Além disso, divido minha agenda como escritora e palestrante com abordagem no desenvolvimento humano e comportamental focada na relação familiar.

mariaauxiliadora.terapeuta

+55 (31) 97561-5226

auxiliadora.dora0754@gmail.com

A PROFISSÃO DO **FUTURO**

25

UMA NOVA MISSÃO: AUXILIANDO VIDAS E TRANSFORMANDO REALIDADES

Por Maria A. Rocha

Eu pensei muito em como iniciar este texto, trazendo um recorte da minha história de forma em que eu possa apresentar a vocês quem sou eu, o quanto eu caminhei para chegar até aqui e como o meu trabalho como terapeuta e palestrante impacta a vida das pessoas. Convido todo(a)s vocês a mergulharem no mais profundo do seu ser e, dessa forma, construirmos juntos um caminho de cura para uma vida mais leve, plena e feliz!

Em torno dos anos 80, iniciei uma jornada profissional por meio da produção de peças em lã e como professora de tricô. Diversas mulheres foram minhas alunas e clientes. Em nossos encontros, já se apresentava de certa forma um viés do meu trabalho, uma vez que acabava sendo um processo terapêutico. Vários casamentos já quase falidos das minhas alunas eram restabelecidos a partir de conversas sinceras e mudanças verdadeiras. Os maridos dessas mulheres vinham me agradecer, porque eles percebiam verdadeiras mudanças dentro de suas casas. Mulheres com dificuldade na educação das crianças conseguiam grandes transformações a partir de conversas diretas e reais, tocando o coração e trazendo verdades, muitas vezes difíceis de encarar, porém com propósito real.

Naquela época, não fazia tanta ideia do que de fato estava acontecendo, porém, hoje, olhando para atrás vejo claramente que eu sempre fiz parte de um projeto maior, um projeto de Deus. Por meio dessas experiências que estruturei um trabalho voluntário junto a pais, alunos e professores de escolas, que ainda hoje desenvolvo, principalmente quando há relatos de dificuldades de relacionamento familiar. As crianças estão muito ansiosas e acabam drenando essa energia por meio de agressividade, falta de atenção e outros comportamentos que tiram o foco delas. Nessas oportunidades, realizar um alinhamento com a família da criança e estruturar uma rotina dos pais com um olhar priorizando as crianças vem apresentando resultados fantásticos.

Por volta dos anos 90, decidi mudar de ramo indo para o mercado de confecção de lingerie. Nesse novo empreendimento, obtive muito sucesso, porém quando ia apresentar o meu trabalho para as clientes, também aconteciam aquelas conversas que eram quase que um processo terapêutico. Ao longo dos anos, isso foi ficando cada vez mais constante. Eu sempre dizia que vender lingerie era uma desculpa, porque a verdadeira missão era outra.

Em um determinado momento da minha vida, conheci a Constelação Familiar, que de fato foi um verdadeiro divisor de águas na minha trajetória profissional. Passei por um processo terapêutico utilizando a Constelação Familiar como ferramenta. Foi então que percebi o poder que ela tem e o quanto foi impactante para a minha própria transformação. Por meio desse processo que consegui identificar alguns dos meus medos, inseguranças e dores de forma mais perceptível, sendo possível curar as minhas raízes familiares.

Esse processo foi tão surpreendente para mim que realizar uma formação em Constelação Familiar foi um caminho natural. Além de outras formações e vivências, eu consegui realizar mais transformações em minha vida e na forma como eu enxergava o mundo.

Nessa jornada, fui capaz de curar questões ligadas com o meu feminino, viver uma conexão mais profunda comigo mesma, permitir uma conexão com um parceiro que me trouxe uma cura tão importante para a minha caminhada... Só esse assunto caberia em um livro inteiro, por isso digo que a minha paixão é trabalhar com o alinhamento da energia feminina, pois viemos de uma educação e uma sociedade que abafou as mulheres, ou seja, calou as suas vozes, ignorou as suas escolhas, diminuiu os seus poderes, e, assim, as mulheres perderam a sua força interna. Quando realizamos esse alinhamento, as mulheres se conectam com uma força muito poderosa, principalmente quando realizamos esse trabalho trazendo o alinhamento de sua ancestralidade feminina. De uma forma espetacular, as mulheres retomam a sua essência e começam a se posicionar, sabendo o seu lugar enquanto mulher, esposa, mãe, profissional, enfim, gerando uma fluidez na vida como um todo, trazendo resultados positivos, inclusive para a sua prosperidade.

Outro pilar muito constante nos meus atendimentos são os relacionados com dores emocionais, como abusos de todos os gêneros, relacionamentos desgastados com seus parceiros, profissionais desestimuladas etc. Assim, percebo o quanto nossa sociedade está doente e como atuar com terapias é realmente a profissão do futuro, pois estaremos olhando para as questões emocionais e somente assim iremos recuperar pessoas e realizar uma verdadeira transformação em nossa sociedade.

Voltando um pouco na minha própria história, trago uma marca muito forte de rejeição, que marcou a minha infância, adolescência e fase adulta. Por muitas vezes, mesmo já adulta, tomei atitudes pautada na dor da rejeição, seja em um relacionamento ou em uma manifestação de doenças físicas. Hoje, percebo que isso tudo foi uma forma de me proteger. E pensando nisso, eu me pergunto: "quantas vezes eu coloquei a dor na frente de uma situação?", ou seja, quantas vezes eu deixei de viver uma vida plena, feliz e totalmente realizada por causa dos meus medos!

Muitos dos meus clientes trazem dores importantes, que estão diretamente atreladas à marca da relação com os pais. Isso acontece porque a principal interação que temos na nossa infância é com os nossos pais e ocorre nos primeiros anos das nossas vidas, quando ainda estamos em formação. Isso significa que a mente da criança é uma tela em branco, ou seja, essa criança não possui resistência para absorver informações. Dessa forma, todas as experiências são facilmente gravadas em sua consciência.

A criança não faz distinção de certo ou errado, tudo o que ela escuta, vê e vivencia, seja de forma repetitiva ou com grande impacto emocional, irá ficar registrado no seu psiquismo e irá atuar durante anos da sua vida, até que ela tome consciência dos seus resultados e busque ajuda. Essa característica é importante porque é nessa fase que todo o aprendizado é fácil de assimilar. Crianças que começam a estudar uma segunda língua apresentam melhores resultados de fixação do conhecimento de forma natural, assim como as experiências limitadoras também são absorvidas sem questionamento. O que isso significa exatamente? Significa que nossos resultados atuais estão diretamente relacionados com a significância que nossa criança registrou em sua consciência.

Diante disso, dentro de uma sociedade com uma abertura de consciência, o natural seria que os pais tivessem atitudes positivas e diálogos que elevassem e estimulassem ainda mais aquele ser humano em formação, porém, como sabemos a maioria das pessoas estão adoecidas emocionalmente, somos vítimas de outras vítimas. O ferido fere, e o magoado magoa.

Hoje não estamos mais sozinhos, a tecnologia trouxe uma abertura de conhecimento gigante, muitos profissionais da área do autoconhecimento trazem *insights* voltados para essa cura interior em diversos níveis de profundidade, com diversas técnicas e utilizando meios de comunicação de fácil acesso. Essa abertura é importante para que possamos construir uma sociedade mais consciente e consequentemente mais livre de tantas dores.

Dentro do processo de terapia, tenho uma estratégia que vem dando muitos resultados. Como eu comentei anteriormente, o nosso principal ponto de fragilidade é o relacionamento com nossos pais, ou seja, há filhos magoados com dificuldade de construir uma família, porque a referência era um pai abusivo, ou uma mulher que não consegue se relacionar com homens, porque viu a mãe apanhando ou sendo humilhada por um outro homem. Vejo profissionais não conseguindo sucesso, porque não se sentem merecedoras, possuem baixa autoestima, são inseguras, não confiam nas pessoas e assim vivem uma existência inteira frustradas por não conseguirem os resultados tão esperados ou não viverem a vida que sempre sonharam.

A técnica que percebo ser mais assertiva e que vem dando resultados muito positivos nos processos terapêuticos em que conduzo é fazer o cliente olhar para a sua relação com a mãe. Dentro do entendimento da Constelação Familiar, a relação com a mãe possui referência direta com a nutrição, o amor, a proteção, o cuidado e o acolhimento. Quando nessa relação algumas dessas referências são negligenciadas ou o indivíduo percebe que houve negligência, os resultados são esses que comentei anteriormente, e é aqui que começamos a conversar sobre o processo terapêutico.

Olhar para a nossa mãe, entender que essa mulher proporcionou a você a coisa mais importante, "a vida", e que a vida não tem preço, não se consegue pagar a sua vida em espécie (ou seja, dinheiro), somente isso já faz você ressignificar de forma importante essa relação e tudo o que vier posterior a isso torna-se pequeno. Entender que essa mulher é uma pessoa que está em um processo de crescimento, que tem seus próprios desafios, suas dores e suas batalhas pessoais, que ela é humana assim como você.

Concluindo essa jornada que fizemos até aqui, quero compartilhar com você, leitor(a), que o meu propósito de alma é contribuir com a transformação de vida das pessoas por meio de terapias comportamentais. As histórias que eu apresentei nesse capítulo são para ilustrar o potencial curativo que todos nós, seres humanos, temos e que são possíveis de alcançar através do verdadeiro amor.

Minha história mostra o quanto eu caminhei para chegar aonde estou e ressignificar a minha trajetória me ajudou a desconstruir uma Maria Auxiliadora limitada e transformar em uma Maria Auxiliadora ilimitada, iluminada, plena e feliz. E é assim que eu quero que você também se sinta!

“Entender e honrar nossas raízes familiares permite-nos ressignificar nossa história com amor.”

Maria A. Rocha

MARINA ANDRADE

Mineira, sou filha do Rômulo e da Édna, esposa do Lucas, advogada, pós-graduada em Propriedade Intelectual, Direito Digital e Direito Internacional, pós-graduanda em Teologia, autora de artigos científicos, estudante de Desenvolvimento Pessoal, palestrante, escritora e autora do *devocional diário corpo, mente, espírito*, no Spotify e YouTube.

Meu propósito de vida é inspirar, motivar e auxiliar pessoas na sua jornada de desenvolvimento físico, mental e espiritual, que serão como um farol que irá iluminar os cantos mais escuros da sua mente e espírito, trazendo cura, libertação, abertura de caminhos, rompimento de ciclos, crenças e reencontro com o seu verdadeiro propósito de vida.

bymarinaandrade

bymarinaandrade

bymarinaandrade

bymarinaandrade@gmail.com

A PROFISSÃO DO **FUTURO**

26

CULTIVANDO CRENÇAS FORTALECEDORAS

Por Marina Andrade

Acredite, o que está impedindo você de prosperar em todas as áreas da sua vida são suas crenças limitantes, e até o fim deste capítulo eu irei provar isso!

Você já parou para pensar por que algumas pessoas são pobres; outras, ricas; outras ficam ricas, mas logo perdem tudo; e existem pessoas que tudo que tocam vira ouro? Pois bem, eu cresci ouvindo que "o rico fica cada vez mais rico, e o pobre fica cada vez mais pobre", "dinheiro é sujo, vai lavar as mãos", "tá achando que dinheiro dá em árvore", "se quiser ser alguém na vida, tem que ser concursada".

Prazer, o meu nome é Marina, nasci na região metropolitana da capital mineira, sou filha única, neta única dos meus avós maternos, e venho de um histórico familiar de escassez financeira. Nunca faltou nada para os meus pais, pelo que eles me contavam, mas também não sobrava nada.

Meus pais nasceram e foram criados no interior de Minas Gerais, e tiveram que começar a trabalhar muito cedo para ajudar nas despesas de casa. Vieram de uma crença de que se quisessem ter algo ou ser alguém na vida, deveriam passar em um concurso público e seguir carreira, pois essa seria a única forma de ascensão financeira e profissional.

E assim fizeram, ambos foram concursados e criaram-me para fazer concurso também. Quando eu estava com 9 anos, meus pais atravessaram uma crise financeira severa, que afetou toda a dinâmica da nossa família, e a partir de então todas as minhas crenças limitantes e crenças de escassez foram instaladas com sucesso. A repetição de padrão familiar seguiu o cronograma à risca.

Convivi com crenças limitantes em todas as áreas da minha vida até aproximadamente os 28 anos, quando minha mãe faleceu, aos 54 anos, devido a um câncer de mama. Desde então, passei a questionar a razão da minha existência e o meu real propósito de vida. Foi quando mergulhei de corpo, mente e espírito no desenvolvimento pessoal e espiritual e comecei a estudar, chegar a respostas e a reprogramar as minhas crenças. Mas afinal, o que é uma crença?

Crença é toda a programação mental (sinapses neurais) advindas de um aprendizado durante a vida, que determina os comportamentos, as atitudes, os resultados, as conquistas e a qualidade de vida, em resumo, as suas crenças determinam tudo o que você **é**, **faz** e **tem**.

A base das nossas crenças é definida principalmente até os 12 anos, e por esse motivo elas serão influenciadas pelas pessoas que mais convivemos e pelos estímulos que recebemos em forma de experiências, como: críticas, agressões, abandonos, divórcio dos pais, opiniões de pessoas, conversas internas negativas, decepções, rejeições, abusos, discriminações, culpas etc.

Por meio das experiências e dos estímulos que tivermos, esses formarão memórias na nossa mente, que irão gerar um significado e, como consequência, produzirão um sentimento que formará a crença. Mas como saber se tenho uma crença limitante?

Existe uma forma simples de identificar a existência de uma crença limitante. Ela é geralmente encontrada quando você pronuncia a palavra "porque" como justificativa em alguma área disfuncional que você não está satisfeito com o resultado na sua vida, como na frase "não posso porque...", "não tenho isso porque...". Por exemplo:

- Gostaria de ter um corpo mais bonito, mas não posso porque o meu metabolismo é lento.
- Gostaria de encontrar um companheiro ideal, mas não posso porque ninguém presta.
- Gostaria de prosperar financeiramente, mas não consigo porque o presidente do país não ajuda.
- Gostaria de empreender, mas não consigo porque depois da pandemia tudo ficou mais difícil.

A crença limitante é simplesmente um pensamento repetitivo que você fica reproduzindo inconscientemente. Mas, se é um pensamento, então a boa notícia é que ele pode ser modificado!

Existem três crenças universais que influenciam todas as outras crenças que temos, que são:

- "Não sou bom o bastante";
- "Não sou capaz de fazer isso";
- "Não mereço tudo isso".

Elas influenciam todas as outras crenças que temos.

As histórias que conta a si mesmo (sobre você) são fundamentais. Se continuar a repetir toda essa narrativa, a sua mente acreditará que essas coisas são importantes e mostrará mais motivos para você apostar que são reais todas essas narrativas negativas que tanto afirma.

Visto isso, quais estímulos você recebeu na sua infância? Qual a qualidade dos estímulos que você recebeu ao longo da vida e que produziram as suas crenças atuais? Suas crenças atuais são positivas ou negativas?

Ter – Eu mereço – **Merecimento**

Fazer – Eu posso – **Capacidade**

Ser – Eu sou – **Identidade**

A base do indivíduo está na sua crença de **identidade**, e é justamente ela que define quem você é, como vai **ser** e consequentemente os seus resultados.

Eu sou determina se gosto de mim mesmo ou não, se mereço um parceiro fiel ou não, se mereço ser valorizado ou maltratado, se mereço vencer ou perder, afinal o "importante é competir".

A crença que você tem de si irá determinar desde o seu valor próprio até a sua autoimagem e todos os seus resultados e comportamentos. Já teve alguma amiga lindíssima, inteligente, que se apaixonou por um cara de beleza duvidosa, que maltratava e traía ela, e todos falavam "**Acorda, mulher!**", e ela continuava? Isso não é um diagnóstico, mas é provável que essa amiga veja no exterior dela tudo aquilo que todos veem, mas por dentro a sua crença de identidade está completamente desajustada. Ela se sente tão inferior, não conhece seu potencial e acaba se relacionando com um homem sem valor e que não a valoriza.

A crença de **capacidade** é determinada pelo que você acredita ser capaz de fazer ou de aprender a fazer, e é essa estrutura que ditará o seu potencial de realização. Para explicar melhor, compartilho uma experiência própria. Na graduação de Direito, tive colegas de classe que tinham notas invejáveis, eram muito inteligentes e organizados, porém, não se sentiam capazes de serem aprovados no exame da ordem. Com isso, sempre batiam na trave e a tão desejada aprovação não vinha. Nesse caso, vemos que a crença de identidade não é o suficiente para garantir o nosso sucesso profissional, não basta sermos inteligentes, dedicados, honestos e comprometidos, é necessário desenvolvermos as nossas crenças de que eu sei **fazer** boas provas e **eu posso** ser aprovada.

Indivíduos com baixo nível de merecimento possuem característica de autossabotagem, tendo em vista que não faz sentido inconscientemente viver boas experiências ou **ter** algo de valor se dentro deles existe uma crença que diz "**eu** não **mereço**". Dessa forma, sempre que a vida melhora em qualquer aspecto, como ganhar dinheiro, perder peso, encontrar um parceiro legal, eles esbarram no limite máximo do merecimento e então surgem comportamentos, ações, atitudes sabotadoras que fazem os ganhos e as conquistas irem embora. O indivíduo literalmente repele tudo que conquista.

Pessoas com baixo nível de merecimento, quando ganham algo bom, falam: "nossa, não precisava"; quando recebem um elogio, dizem: "que isso, são seus olhos". Alguma ficha caiu por aí? Você conhece alguém assim?

Agora que você já identificou se existem crenças, vamos começar a se libertar delas? Transformar crenças limitantes em crenças fortalecedoras é um processo que requer consciência, esforço e prática constante.

O primeiro passo para essa transformação é identificar suas crenças e fazer uma lista dos seus objetivos e dos obstáculos que você acredita estarem impedindo você de alcançá-los. Pergunte-se: "o que eu acredito sobre mim que está me impedindo de atingir este objetivo?" Anote todas as respostas, por mais irrelevantes que possam parecer. Uma vez identificadas, é hora de desafiar essas crenças limitantes. Questione a validade de cada crença, perguntando-se:

- Essa crença é realmente verdadeira?
- Quais são as evidências que sustentam essa crença?
- Há exemplos que contradizem essa crença?
- De onde essa crença se originou?

Esse processo de questionamento ajuda a enfraquecer a convicção das crenças limitantes, abrindo espaço para novas perspectivas.

Depois de questionar e desafiar suas crenças limitantes, é hora de substituí-las por crenças fortalecedoras. Uma crença fortalecedora é aquela que apoia e motiva você a alcançar seus objetivos. Para criar uma crença fortalecedora, transforme a crença limitante em uma afirmação positiva e realista, afinal nosso cérebro não distingue o real do imaginário. Por exemplo, se a crença limitante é "eu nunca sou bom o suficiente", a crença fortalecedora correspondente poderia ser "eu sou capaz e mereço alcançar meus objetivos". Repetir essa afirmação diariamente pode ajudar a reprogramar sua mente para adotar uma nova perspectiva.

Uma técnica eficaz é a repetição de afirmações positivas. Ao repetir consistentemente uma afirmação fortalecedora, você está treinando seu cérebro para aceitar essa nova crença como verdadeira. Faça isso em momentos específicos do dia, como ao acordar e antes de dormir, para maximizar a eficácia.

A visualização é outra ferramenta poderosa para reprogramar a mente subconsciente. Imagine-se vivendo de acordo com suas crenças fortalecedoras e alcançando seus objetivos. Crie uma imagem mental vívida e detalhada de como seria sua vida se você acreditasse plenamente em seu potencial. A prática do mural dos sonhos pode ajudar.

Transformar crenças limitantes em crenças fortalecedoras é um processo contínuo que requer paciência, persistência e compromisso. Ao praticar essas técnicas, você verá uma mudança gradual e poderosa em sua mentalidade e vida.

Hoje, aos 30 anos, sou casada com o amor da minha vida, compreendi que eu não preciso fazer concurso para ter ascensão profissional e financeira, entendi que a nossa vida não é um *script* baseado na vida dos nossos pais. Depois que me libertei de todas as crenças limitantes, meus sonhos materializaram-se e encontrei o meu propósito de **vida**. Acabo de realizar o sonho de morar no exterior e escrevo este capítulo no escritório do meu novo apartamento, com vista para a piscina e para um lago lindo ao lado da Disney.

"Crenças fortalecedoras alinham corpo, mente e espírito, desbloqueando o seu verdadeiro potencial para uma vida plena e abundante."

Marina Andrade

Créditos: Jammes Aguiar.

RAFAELA CANDIDO

Manauara, filha caçula de Maria e Luiz, tive o privilégio de ter uma infância no interior às margens do lago Paraná do Autaz Mirim, na comunidade de São Lázaro, município do Careiro da Várzea/AM. Vivi lá até os 14 anos, uma vida provinciana, em moradia simples e imersa na natureza.

Sou administradora de empresas, gestora de pessoas, projetos, *coaching* e neurocientista. Tenho uma carreira de mais de quinze anos em RH de empresas multinacionais. Mas minha história de sucesso nem sempre foi assim. Superei grandes desafios, caminhava cerca de 14 km para ir e voltar à escola. Sempre vi esse trajeto como minha oportunidade de mudar de vida, prova de que é possível transformar sonhos em realidade através da constante adaptação às mudanças que a vida nos impõe.

rafacanndido

samararafaela@yahoo.com.br

27 A MENTALIDADE DA MUDANÇA: ADAPTE-SE COM FACILIDADE

Por Rafaela Candido

Enfrentar mudanças é um cenário desafiador. Muitas vezes, ao nos depararmos com o novo, focamos o que podemos perder e preferimos permanecer em nossas zonas seguras e familiares. No entanto, adaptar-se rapidamente e estar aberto às mudanças são ações essenciais para crescer e evoluir nas diversas áreas da vida. Desenvolver uma mentalidade de crescimento, que compreenda e se ajuste facilmente, é fundamental. Essa mentalidade não se trata apenas de aceitar novas circunstâncias, mas de abraçá-las com confiança e determinação, o que eu chamo de se apaixonar pelo novo. Isso é um poderoso catalisador para o crescimento pessoal, permitindo-nos não apenas sobreviver, mas prosperar diante de desafios.

No mundo em que vivemos, onde as mudanças acontecem de maneira rápida e constante, a capacidade de se adaptar rapidamente se tornou essencial. A pandemia de Covid-19, por exemplo, forçou milhões de pessoas a ajustarem suas rotinas diárias e hábitos, demonstrando claramente a importância de uma mentalidade flexível e adaptativa. Mas será que temos essa mentalidade?

Para explorar esse despertar, vamos fazer uma viagem rápida a algo que eu denominei como ciclo da hora do nascimento. Certamente, você não se lembra do exato momento em que veio ao mundo, mas esse evento é o melhor exemplo do porquê as mudanças nos assustam tanto. Passamos meses no útero de nossas mães, um lugar quente e seguro, com comida e amor garantidos. Não precisávamos nos esforçar para nada. No entanto, em um belo dia, somos abruptamente expulsos desse ambiente, deparamo-nos com uma forte luz, palmadas, choros e gritos. Essa é a nossa primeira experiência de mudança, registrada em nosso corpo e memória. Geralmente não pensamos nisso enquanto vivemos nossa vida, mas sim acumulamos experiências e, sem perceber, reagimos dessa mesma forma à maioria dos ciclos de mudança que enfrentamos, pois é o padrão conhecido que nosso subconsciente gravou.

Apesar de vivermos na época mais tecnológica até este momento, muitas pessoas sabem teoricamente tudo o que precisam para adotar uma mentalidade de mudança, mas na prática, no entanto, as coisas parecem não funcionar.

Durante minha vida, enfrentei diversas mudanças significativas. Começando pelo meu cenário de casa, irmã de quatro homens, filha caçula, tive que sair desse ambiente de superproteção para morar na capital. Saí de um local onde tudo me favorecia para outro onde nada caminhava ao meu lado, e eu tinha apenas 14 anos. A dificuldade para me adaptar foi tanta que mudei de casa várias vezes. Morei com irmãos, tias, primas, conhecidos e amigos, em diversas áreas, desde periferias até regiões nobres. Aos 17 anos, entrei para a faculdade e passei a conviver com colegas maduros.

No meu curso, muitos eram empresários, e eu era chamada de mascote por ser a mais jovem da turma. Passei para o mundo profissional muito cedo também, fiz um estágio na Marinha do Brasil, um ambiente majoritariamente masculino e de rotina extremamente rigorosa. Experimentei o comércio e, logo em seguida, o segmento das indústrias. Dessa forma, acumulei um vasto repertório de experiências, e em cada um desses locais algo em comum se conectava: sempre fui emocionalmente estável com o meu jeito de ser e me comportar, o que me permitia adaptar-me a todas essas diferentes situações e ambientes com rapidez. Aprendi que mudar é evoluir. Mesmo com uma personalidade forte e autêntica, nunca deixei de me adaptar quando necessário. Compreendi desde cedo que a capacidade de se adaptar rapidamente é a chave para o sucesso.

Um dia desses estávamos nos adaptando às várias transformações da tecnologia quando entramos na era da inteligência artificial. A pandemia nos mostrou que há outros formatos de trabalho além do presencial; as aulas on-line nunca foram tão exploradas; o mercado de *delivery* e as chamadas de vídeo; entre outras coisas, moldaram-nos à nova estrutura do mundo. Em nossos locais de trabalho, tornou-se cada vez mais comum a entrada de novos membros, bem como a saída de outros, mudanças de gestão e sistemas, além da pressão generalizada e febre do modo multitarefa que algumas organizações adotam. Além da nossa própria autocobrança, existe a pressão da sociedade.

Nossa persona até tenta se ajustar, com o objetivo de mascarar um comportamento que na verdade não temos. Falamos essas coisas, mas quando estamos sozinhos nos sobrecarregamos com pensamentos de medo, raiva e desespero diante de uma mudança de cenário. Você percebe o sofrimento que isso causa? Mas colocamos nossa melhor máscara e seguimos acreditando ser normal, quando na verdade se trata de um comportamento típico moldado pelo mundo moderno, que nos impede de enxergar as novas possibilidades e acabamos nos acomodando a esse modelo, robotizando tudo para sermos aceitos, mas sofremos.

O Brasil vem liderando o *ranking* dos países mais ansiosos do mundo, e um dos maiores motivos são exatamente as instabilidades a que somos submetidos diariamente. Somos expostos ao excesso de informações, e essa explosão fragmenta nosso modo de pensar e agir, mesmo que inconscientemente, trazendo lentidão ao nosso raciocínio e à nossa mentalidade de adaptação ao novo.

Portanto, só há uma maneira de sobrevivência, saber se adaptar com agilidade e surfar nessa onda, caso contrário a estagnação é certa. Sendo assim, compreenda algumas formas de como algumas mudanças surgem. Muitas por meio de duras realidades, um exemplo disso são os relacionamentos tóxicos, em que as pessoas podem proteger seus agressores por muito tempo até finalmente terem coragem de denunciar e mudar esse retrato, tudo pela falta de consciência do prejuízo que isso está causando a si mesmo e por medo. Outras vezes, por via de inspiração, o fato de admirar alguém pode levar a uma transformação significativa. Quantas crianças no mundo atual sonham em serem jogadores de futebol por causa do Messi? Por outro lado, existem as mudanças impulsionadas pelo conhecimento, exatamente o que estamos explorando aqui. A leitura, a escrita e principalmente as práticas são ótimas formas de enraizar no cérebro uma mentalidade de mudança de maneira eficaz e desenvolver comportamentos e habilidades que vão contra nosso modo natural, a fim de romper o ciclo da hora do nascimento, mas sabemos que é necessário empenho e esforço.

A boa notícia é que nosso cérebro possui uma magnífica ferramenta chamada neuroplasticidade, que é a capacidade de se adaptar a novos comandos. É como se acessássemos nosso arquivo cerebral e atualizássemos a versão de algo nunca usado antes para começar a usar a partir de agora. Ótimos exemplos disso são casos em que alguém perde os movimentos de um braço e precisa usar o outro para tudo. Isso requer mais energia, dedicação e empenho, mas em breve a pessoa pode se tornar até mais habilidosa com esse novo braço do que era com o anterior. Se você começar a escrever com a outra mão, diferente da que geralmente usa, será difícil no começo, mas logo você estará tão hábil quanto com o outro lado. Seu cérebro precisa reconhecer o novo comando e evoluir cada vez que você o usar.

Chegou a hora de treinar, vamos começar? Pare rapidamente esta leitura, pegue uma folha de papel e comece a fazer essa breve reflexão: escolha duas mudanças significativas que ocorreram em sua vida nos últimos meses, por exemplo: um término de relacionamento; uma gravidez ou nascimento de uma criança; a saída de um emprego ou um novo emprego; uma mudança repentina de bairro, cidade, estado ou país.

Como você reagiu a essas notícias? Possivelmente reclamou, chorou e tentou voltar para a zona de conforto? É bastante provável que sim. No entanto, nossos medos e nossas acomodações frequentemente nos travam, levando-nos a tomar decisões precipitadas ou a não tomar nenhuma decisão.

Nosso cérebro é naturalmente predisposto à preguiça, reservando energia para momentos de sobrevivência, um traço herdado da pré-história quando o foco era na caça. Precisamos ensinar algo novo a ele e, com treino constante, essa mudança pode se tornar automática, assim como escovar os dentes hoje em dia.

A partir de hoje, você precisa adotar um novo estilo de atitude baseado no modelo da mentalidade de mudança. Toda vez que estiver prestes a reagir a um episódio, tenha em mãos as seguintes regras:

- **abertura**: disposição para considerar diferentes pontos de vista e opiniões sem julgamentos;
- **autoconfiança**: acreditar nas próprias habilidades e capacidades com confiança;

- **flexibilidade**: capacidade de se adaptar rapidamente a novas circunstâncias – não há sobrevivência sem a plena consciência de que isso é essencial;
- **curiosidade**: interesse em aprender e explorar novas ideias e perspectivas. – às vezes, a sua curiosidade não apresentada pode resolver os maiores dos problemas;
- **resiliência**: capacidade de se recuperar rapidamente de contratempos e desafios – eles vão existir, compreenda isso;
- **calma**: capacidade de manter-se tranquilo diante das coisas que não podemos controlar. Deixe fluir.

Esse *script* me remete sempre ao modelo do camaleão, que pode assumir qualquer cor desde que esteja adaptado ao novo ambiente. Se ele não se ajustar ao novo, não poderá mudar de cor. Isso não é incrível? Podemos trazer isso para as nossas vidas. Diante do novo se abra para as possibilidades, experimente o desconhecido.

Se sua vida está perfeita agora, saiba que a perfeição é apenas um estado mental de acomodação, por isso se desperte para os detalhes. É por meio deles que enxergamos perspectivas diferentes. A sua acomodação ou reclamação é na verdade o espelho da sua zona de conforto.

Saiba que o seu sucesso está baseado nas mudanças que você faz hoje. Nossa mente é incrivelmente criativa; se dermos os comandos certos, cada pequena mudança que abraçamos hoje, por menor que seja, pode abrir portas para um futuro mais promissor e satisfatório. Não precisamos repetir durante uma vida inteira o ciclo da hora do nascimento, somos capazes de remodelar nosso padrão mental, só depende de nós mesmos.

“O melhor momento para mudar é quando você não precisa mudar. E, se a mudança já chegou, acolha-a e ajuste-se velozmente, se almeja o sucesso!”

Rafaela Candido

Casamento
FRACASSADO
DE SUCESSO

SANDRA CHAVES

Sou Sandra dos Santos Chaves, filha amada de Deus, filha, irmã, mãe, funcionária pública, escritora, autora do livro *Casamento fracassado nunca mais: descubra os segredos do relacionamento de sucesso*, coautora do livro *O legado IV: o valor de uma vida*, graduada em Tecnologia em Processamento de Dados e Direito, pós-graduada em Direito Público, formada em *Coaching* e Terapia Integrativa.

Ajudo você a alcançar sonhos de forma leve e simples. Criadora da mentoria Vida Leve. Faça o contato e agende seu horário!

+55 (24) 99234-0539

sandrachaves.oficial@hotmail.com

28

O IMPACTO DAS EMOÇÕES NO DESEMPENHO

Por Sandra Chaves

Você já pensou no poder que as emoções exercem sobre todas as áreas da nossa vida? Desde as relações pessoais até o sucesso profissional, as emoções desempenham um papel crucial que muitas vezes passa despercebido. No decorrer deste texto, vamos explorar de forma surpreendente como o impacto das nossas emoções, principalmente aquelas que nascem de relacionamentos amorosos, pode moldar o nosso destino e influenciar cada aspecto da nossa vida. Prepare-se para desvendar os mistérios por trás desse universo emocional e descobrir como dominá-lo. Essa é a chave para uma vida plena, realizada e feliz.

Robson, 42 anos, e Vanessa, 40, estão casados há dezoito anos. O que um dia foi um amor intenso e cheio de promessas transformou-se em conflitos constantes, brigas e discussões. Suas divergências de opinião e personalidades levaram à falta de comunicação e distância emocional entre eles. O clima pesado e tenso afeta não só o casal, mas também os filhos: uma menina de 11 anos, diagnosticada com autismo grave; outra de 13 e um menino de 4 anos.

Vanessa reveza-se entre os cuidados com os filhos, o lar, a rotina de escola, os médicos, as terapias diárias da filha do meio e o trabalho, em que chefia o serviço contábil de uma multinacional.

As crianças testemunham as discussões acaloradas dos pais e absorvem a negatividade do ambiente familiar. O casal, imerso em suas próprias questões não resolvidas, não percebe o impacto que suas ações têm sobre os filhos.

Os desentendimentos causam altos níveis de estresse crônico em ambos os cônjuges. O caos prolongado gera problemas de saúde, como hipertensão, distúrbios do sono e enxaquecas, em Vanessa. Robson, por sua vez, está obeso, com problemas digestivos, diabetes e fraco sistema imunológico.

O ambiente conflituoso aumentou os níveis de ansiedade e levou a filha adolescente à depressão, à apatia e ao baixo desempenho escolar. A preocupação, sensação de desamparo, falta de esperança em relação ao relacionamento afetou todos os aspectos da vida do casal.

Cabe ressaltar que o elevado nível de cortisol associado a conflitos conjugais pode aumentar o risco de problemas cardiovasculares, como doenças cardíacas, hipertensão arterial e acidentes vasculares cerebrais.

As emoções negativas, provenientes do casamento conturbado, estenderam-se para as interações sociais de Robson e Vanessa, afetando suas relações com amigos, familiares e colegas de trabalho. Robson teve o desempenho no trabalho totalmente comprometido. Houve aumento significativo de distração, queda na capacidade de concentração e redução de foco. Além da dificuldade em cumprir prazos, cometeu erros e a produtividade foi reduzida. Sem contar a comunicação agressiva com colegas, supervisores e clientes.

Vanessa também está acima do peso, com compulsão alimentar e ansiedade. Sofre de fibromialgia e enxaqueca constante. Falta paciência e acaba descarregando a raiva e a frustração nos filhos e nos subordinados.

A essa altura, você deve estar se perguntando: onde essa história trágica vai parar? Como esse é um caso fictício, busquei colocar o máximo de impactos que as emoções, originadas do relacionamento conjugal infeliz, podem causar em todas as áreas da vida.

Vamos tornar sua leitura mais dinâmica? Sente-se de forma confortável, respire fundo, relaxe a mente, se possível coloque uma música. Pegue um papel e escreva: o que é uma emoção? Como ela surge? Você controla suas emoções ou elas exercem o controle? Quais emoções são mais frequentes? De 0 a 10, qual é o nível de raiva, insatisfação, insegurança, inveja, medo, culpa, arrependimento, ressentimento você consegue identificar na sua vida hoje? De que forma essas emoções afetam seus resultados? O que move você: suas ações ou suas emoções?

Somos essencialmente emocionais, diferentemente dos outros seres vivos. Desde a concepção reagimos aos estímulos do ambiente, na infância começamos a aprender a ter emoções, comportamentos e nos moldamos aos padrões de nossa criação.

Outro fator bem importante é saber que temos reações instintivas que diferem das emoções, pois são automáticas, não são emoções. Um exemplo é quando levamos um susto ou um choque, nosso corpo reage instintivamente, sem que tenhamos tempo de pensar. Temos reações automáticas ao pisar em um espinho, encostar a mão na panela quente. A emoção é uma outra forma de reação, mas a um pensamento. Observe suas emoções e veja de onde elas surgem, logo você vai descobrir que sempre há um pensamento por trás. Pense em um ataque de fúria; mesmo a emoção mais intensa está acompanhada de um gatilho anterior.

Por isso a maior causa dos impactos e prejuízos causados pelas emoções nasce nas disfunções dos relacionamentos amorosos. Porque é na intimidade que nos tornamos mais vulneráveis aos gatilhos que disparam nossas piores reações emocionais. Dentro do relacionamento, o outro conhece seus pontos fracos e, mesmo sem perceber, usa desse conhecimento para provocar e você reage.

Pense em uma discussão calorosa e observe o que aconteceu na sua mente e no seu corpo e em como você se comportou. Imediatamente o corpo se prepara para atacar ou fugir. Sentiu raiva, ódio, ressentimento, medo, insegurança, tristeza ou qualquer outro sentimento? Como seu corpo ficou? Sentiu o sangue "esquentar", teve taquicardia, ficou ofegante, as pernas ficaram trêmulas, franziu a testa, fechou o sorriso. A raiva tem o poder de nos transformar. Observe se você já disse: "eu fiquei totalmente fora de mim!" ou "perdi a cabeça!". Esse é o poder do impacto das emoções. Na maioria das vezes, você acha que o outro é o responsável por suas emoções. Quero contar um segredo para você: eu também pensei assim por muito tempo. Isso me causou imenso sofrimento, dor, angústia, depressão.

Como no caso apontado, emoções negativas causam sérios prejuízos à saúde física, emocional e relações interpessoais. Entender pessoas é cada vez mais necessário nesse contexto frenético por conquistas materiais, resultados rápidos, relacionamentos fracos, cultura do descartável, falta de tempo para o convívio de qualidade, principalmente entre os casais. Durante muito tempo vivi um relacionamento disfuncional que me levou ao sofrimento emocional por longos anos. Mas, aos olhos da sociedade, tudo estava bem. Assim, mesmo amando estar com pessoas, sorrir, dançar, viajar, eu me vi em um isolamento social em que não tinha mais sentido fazer amizades ou cultivar as antigas. Quando a depressão assola a alma, nada faz muito sentido.

Há quatro anos aprofundo-me nas questões sobre o desenvolvimento humano, na busca em descobrir por que sofria tanto sem saber como sair do círculo vicioso que causava dor e que parecia impossível quebrar. Era como uma fábula que li certa vez de um urso que apertava um caldeirão quente contra o peito; quanto mais sofria, mais apertava e mais dor sentia. Porém, o urso não sabia que bastava abrir os braços para que todo aquele sofrimento cessasse. Amados leitores, por longos anos, eu fui esse urso.

O conhecimento liberta. O autoconhecimento liberta ainda mais. Passei por processos de desenvolvimento pessoal e terapêuticos. No percurso, descobri em Deus minha raiz, minha essência. Os pensamentos acelerados e a ansiedade deram lugar à paz que excede todo entendimento, mesmo passando por momentos extremamente desafiadores. Ainda que estejamos em meio a turbulências, jamais devemos esquecer que Jesus disse: "a paz esteja convosco!" (João 20:19-31).

O seu mundo exterior é reflexo do seu mundo interior. Ninguém é responsável por "tirar você do sério" ou fazer você "perder a cabeça". Suas reações emocionais são frutos das suas interpretações e de tudo o que você aprendeu na infância, por isso criam toda a confusão. Você precisa estar em um processo de autodescoberta, é necessário ter coragem para enxergar a verdade por trás das emoções, mas você tem dificuldade em reconhecer isso. Assumir a responsabilidade pelas nossas dores é muito desafiador, mas asseguro que é uma das maiores libertações que o ser humano pode experimentar. "No mundo tereis aflições, mas tende bom ânimo! Eu venci o mundo!" (João 16:33).

Lembre-se de que você só tem essa vida, Deus oferece plenitude, a escolha é sua!

Somos movidos pela emoção, toda ação nasce de uma emoção e toda emoção de um pensamento. Por isso cuide do seu interior, porque ele é sagrado! Esteja vigilante e evite agir no impulso da emoção. Se está passando por desafios, busque ajuda de profissionais como médicos, terapeutas, psicólogos, mentores.

Este capítulo é a ponta do *iceberg* do que são os problemas causados pelas emoções. Cabe ressaltar que nem toda emoção negativa é ruim, dela pode imergir a coragem de fazer algo para se libertar do sofrimento. Por isso convido você a ler a obra *Casamento fracassado nunca mais: descubra os segredos do relacionamento de sucesso*. O livro apresenta casos reais com nomes fictícios e vai além dos textos, está recheado de lindas imagens que tornam a leitura agradável e prazerosa. Revela erros que são cometidos inconscientemente, mas que destroem os relacionamentos, culminando em divórcio. Tive o cuidado de acolher quem está no momento de ruptura, principalmente se há filhos envolvidos, inclusive filhos com necessidades especiais.

Os segredos escondidos na convivência aparecem com leveza e fluidez apontando soluções para o relacionamento feliz que você merece. É como uma conversa entre amigos. Se você se identificou com este capítulo, certamente vai encontrar muitas respostas no livro. Conte comigo! Até breve!

Agradecimento especial a Deus, aos meus pais José de Carvalho Chaves e Maria do C. R. dos S. Chaves, por me concederem a vida, e à amiga e *coach* Alaise Matos, que me presenteou com sua luz e abriu as portas para que eu me tornasse escritora.

“Pare de ser refém dos pensamentos e escolha ser mestre das suas emoções!”

Sandra Chaves

SINDIA BÓSIO

Sou Sindia Bósio, tenho 37 anos, resido em Campo Mourão/PR com a minha família: meu esposo Alexandre Ramos e minhas filhas Estella e Eloá.

Sou terapeuta hipnóloga, formada na OMNI/SP, e mentora de desenvolvimento pessoal e analista comportamental, formada pelo Instituto Marcos Trombetta.

Minha missão é ajudar mulheres que precisam transformar suas vidas; fazer uma verdadeira reprogramação mental; ser mais felizes e prósperas, com metas e objetivos definidos; eliminar as crenças que limitam sua vida; e principalmente se libertarem do **medo** para viver o seu propósito de vida.

Eu aprendi a reprogramar a minha vida com autoconhecimento, superei grandes desafios e hoje estou aqui para facilitar o seu caminho nessa jornada.

sindiabosioo

+55 (44) 99157-9009

sindiabosioramos@gmail.com

A PROFISSÃO DO **FUTURO**

29

LIBERTE-SE DO MEDO E TRANSFORME A SUA VIDA

Por Sindia Bósio

Fui criada em uma cidade no interior no Paraná, chamada Nova Cantu, com aproximadamente cinco mil habitantes. Lá, onde cresci, minha primeira formação foi como farmacêutica, trabalhei por treze anos com meus pais. Eu me casei, tive filhas e por lá continuei.

Fui uma menina extremamente tímida, mal conseguia olhar nos olhos das pessoas para atender. Se pudesse, eu me escondia atrás do balcão; minha autoestima passava longe. Sempre gostei de livros e de fazer cursos, mas nunca me achava inteligente o suficiente, tinha **medo** de falar, **medo** de expressar meus sentimentos, **medo** de me posicionar. Fazia tudo para os outros e nada para mim.

Não tive sabedoria e meu casamento chegou ao fim. Quem já passou por isso sabe que é a segunda maior dor no mundo (a primeira é a morte de um ente querido), um sentimento inexplicável de **fracasso**. Achava que meu mundo tinha acabado e era esse o fim da vida. Separada, com duas crianças, o julgamento no olhar das pessoas era destruidor. Fiquei meses perdida, até que, lendo livros e fazendo cursos e mentorias, adquiri conhecimentos e entendimentos tão profundos que mudaram a minha vida, e, hoje, compartilho com vocês.

O fracasso é uma benção disfarçada, é um estado de espírito, é um privilégio que faz a pessoa limpar a mente do **medo** e recomeçar, criando um outro ritmo para sua vida. Napoleon Hill dizia perceber que toda pessoa bem-sucedida teve experiências de fracasso superadas, e eu poderia ser essa pessoa, entendendo o meu maior **medo**. E resolvi mudar.

Resolvi assumir as consequências das minhas ações. Se eu não estava gostando de como minha vida estava, eu precisava mudar começando pelo estado negativo da mente, que só muda por meio de pensamentos positivos e com a determinação de um propósito. Assim, eu me formei terapeuta hipnóloga e, depois de me reprogramar, despertou em mim um desejo enorme de ajudar mulheres a desbloquearem seu potencial.

Estabeleci um novo futuro, em que o **medo** não me paralisava mais. Quando se esgota a resistência física e emocional, você é forçada a descobrir o seu outro eu — a **fé**. Isso nunca me faltou. Entenda seu maior medo a partir de agora.

Aprendi que, quando quero uma mudança em minha vida, eu começo a pensar muito sobre isso, um novo modo de pensar. Quando eu visualizo minha nova vida, quando crio essa imagem na minha mente e começo a associar uma emoção com esse pensamento de que já é real, eu começo a confrontar quem eu sempre fui. Começa-se então a gerar um conflito interior; sua crença antiga confrontando uma nova realidade e, nesse momento, vem a famosa **barreira do terror** ou **vidro do medo**. Mas o que é isso? Isso não existe, existe apenas na sua mente. É quando surgem os: "**e se** eu não for capaz?", "**e se** eu não conseguir?", e o maior **medo** de todos: "**e se** me criticarem?", "**e se** eu não for competente ou não saber o suficiente?".

O vidro do **medo** instala-se no momento de tomar uma decisão. É quando podemos sentir muito **medo**, dúvida, insegurança, mal-estar, dores físicas. Todos que querem crescer já passaram por isso. Mas agora você tem esse conhecimento, que isso que vem na nossa mente em um momento de decisão é uma forma do nosso corpo nos manter na famosa zona de conforto. Ele tem **medo** do novo, do desconhecido. A única forma de passar por essa barreira é agir! Muitas pessoas aceitam a vida que têm hoje por **medo** de enfrentá-la.

E você, a partir de agora, pode agir em dois lados: um deles é o lado negativo, que a paralisa e gera medo, dúvida e insegurança, mal-estar, sintomas físicos e até mesmo depressão. Sabe por quê? Porque quando você fica com pensamentos negativos diários, ou relembrando algo do passado que foi ruim, seu subconsciente não sabe a diferença do real ou do imaginário. Para ele, a situação está acontecendo no agora, e você revive tudo em um *looping* de pensamentos negativos e acaba adoecendo seu corpo físico, somente pela forma de como você pensa. Aí, surgem as doenças psicossomáticas, que são doenças emocionais que se transformam em doenças físicas. Olha só como é poderosa a nossa mente, tanto destrói quanto constrói.

A outra opção é agir pelo lado positivo, por meio do entendimento de que esse **medo** não é real, é apenas a mudança acontecendo e alterando uma crença sua. Vem também por meio da **fé** em Deus e a fé que você desenvolve em você mesma de que é capaz. Por meio do desejo, que é a vontade de vencer, e isso gera bem-estar e acelera a sua conquista com a evolução de crescer.

Quem entende isso, destrava uma vida inteira. Essa mudança faz total diferença nos resultados que você tem na vida. Está na hora da **ação** depois desse conhecimento.

Agora, eu pergunto a você: Qual é a decisão que você sabe que tem que tomar, que irá mudar a sua vida, mas está com **medo** de tomar? Qual seu maior medo? Em que ele se baseia? É real ou está apenas na sua mente?

Quando você adquire novos conhecimentos, eles geram novos comportamentos em você e trazem novos resultados, seu mundo torna-se maior e você se torna maior. A pessoa que você é hoje já conquistou tudo o que conseguia conquistar. Se você quiser conquistar novas coisas, terá de ser uma nova pessoa, não é? Está na hora de enfrentar aquilo que bloqueia você. Está escrito em Provérbios 4:23: "tenha cuidado com o que você pensa, sua vida é dirigida por seus pensamentos".

Ciclo do sucesso

O sucesso é medido pelo seu crescimento, quando você busca expandir seu crescimento na área física, mental e espiritual. Todos os fracassos que temos na nossa vida são pela cegueira mental. Metade das falhas ocorre no momento em que deveríamos dar um impulso e enfrentar a barreira do terror ou vidro do medo, mas nós recuamos, nós nos atiramos de volta para o fracasso. Você só fracassa no dia em que desiste.

Comece agora mesmo a ter uma visão superior de você mesma, como "eu posso", "eu consigo". Você é o reflexo da sua autoimagem.

Como ativar o ciclo do sucesso?

Comece com um **pensamento**, uma imagem clara na mente do que você quer. Sinta a **emoção** de que já é real, tenha um **sentimento** de que você consegue, que você é capaz, crie uma **crença nova**, planeje **ações** corretas e viva os **resultados** iguais aos seus pensamentos.

Pensamento + emoção + sentimento + ação: resultados

Quando você aumenta seu nível de consciência, você aumenta seu nível de confiança. A partir daí você tem a certeza de que é capaz de conquistar todos seus sonhos e qualquer objetivo que você queira. A disciplina é uma grande aliada nesse processo, é a capacidade de você dar uma ordem a você mesma e conseguir cumpri-la.

Treine seus pensamentos

Assim como qualquer habilidade, os pensamentos positivos podem ser treinados. Comece com pequenos passos, como praticar a gratidão diária e escrever três coisas pelas quais é grata todos os dias.

Eu sei que pensamentos negativos surgem do nada, você pode simplesmente dizer a palavra **mude**. Cada vez que um desses aparecer, não importa quantas vezes for, por meio da repetição criamos um hábito. Você tem o poder de mudar seus pensamentos, apenas não sabia disso.

Com o tempo, pensamentos positivos tornam-se automáticos, ajudando a combater o pessimismo e a melhorar a sua perspectiva de vida. Nunca se esqueça de que tudo começa com um pensamento.

Conhecimento *versus* entendimento

Agora que você teve acesso a esse conhecimento, só vai saber se realmente entendeu quando colocar em prática. Essa é a maior diferença entre conhecimento (aquilo que você aprendeu) e entendimento (quando coloca em prática o que aprendeu). É nos momentos de decisão que nosso destino é moldado.

Trago um versículo para você nunca se esquecer: "Seja forte e corajosa, não desanime e não tenha medo, pois eu, o Senhor, seu Deus, andarei contigo por onde estiver" (Josué 1:9).

Você é a única responsável por como a sua vida está hoje e pelo seu futuro. Ninguém vai vir ao seu resgate a não ser você mesma.

Todos esses conhecimentos foram passados pelo professor Marcos Trombetta, que teve o privilégio de ter como mentor Brian Tracy, Jim Rohn e Bob Proctor, meu autor e escritor preferido.

Hoje, sou mentora de desenvolvimento pessoal para auxiliar você a se libertar daquilo que mais aprisiona você e treinar a sua mente para o sucesso. Através do autoconhecimento, reprogramação mental, disciplina, ação e fé, eu pude transformar a minha vida. Hoje sou casada com o mesmo marido, mudei de cidade, fiz transição de carreira e novas formações. Atendo on-line, vendo curso pela Hotmart, chamado Passos para o sucesso. Hoje me expressar não é mais problema, amo falar sobre o conhecimento que adquiro durante essa caminhada, ajudo mulheres a destravarem a vida e a dominarem sua mente e a viverem de acordo com o que pensam. Ter metas e objetivos alcançáveis também faz parte de uma vida extraordinária, e assim ensino e aplico em minha vida.

O movimento traz clareza. Não esqueça de me adicionar nas redes sociais, serei muito feliz em ter você comigo nessa caminhada rumo à realização dos seus sonhos. Deus nos fez o mundo, divirta-se no caminho.

"Tenha coragem, porque abençoada você já é!"

Sindia Bósio

SONIA BEIRA ANTONIO

Sou a Sonia, mentora de desenvolvimento humano, especialista e instrutora profissional certificada em *Mindfulness* e Saúde pela Unifesp, *Mindfulness Based Health Promotion* (MBHP). Praticante de meditação desde 2000.

Psicopedagoga clínica, atuo como psicoterapeuta e instrutora em cursos individuais ou em grupos e programas de *Mindfulness* em instituições privadas e públicas, professora de *Mindfulness* na Formação Profissional de instrutores Unifesp e pesquisadora em intervenções baseadas em *Mindfulness* (IBMs).

Palestrante e sócia-fundadora da Desenvolve Seres Humanos, que tem foco em saúde e desenvolvimento humano e onde milhares de pessoas já passaram pelo Programa de *Mindfulness* e centenas de alunos participaram da formação profissional.

sonia.beira.antonio

+55 (11) 99947-2217

sonia@desenvolvesh.com.br

Leia-me e desperte

30 PRÁTICAS DE *MINDFULNESS* PARA O DESPERTAR DA CONSCIÊNCIA

Por Sonia Beira Antonio

Em minha trajetória de vida, passei por grandes desafios e por lindas conquistas, no entanto foram os desafios, as angústias, as preocupações e as ansiedades que me fizeram ir à busca de algo que pudesse me fortalecer como pessoa. A meditação foi essencial na minha vida pessoal e profissional. Comecei a ver a vida de forma mais leve, a viver o momento presente com mais intensidade e a ter mais autonomia sobre a minha saúde física e mental. Aos poucos comecei a me sentir mais preparada para os desafios da vida e todas essas experiências foram importantes para me transformar na pessoa que sou hoje.

De origem portuguesa e natural de Angola, comecei a minha trajetória profissional no mundo corporativo aos 17 anos, no Brasil, este lindo país que nos acolheu após fugirmos da guerra civil na África e nos ajudou a reconstruir nossas vidas. Formada em Administração, trabalhei por muitos anos na área comercial e com gestão de projetos, e grande parte desse tempo em uma multinacional francesa. Lá, conheci meu marido Fabrice, francês, com quem tive dois lindos filhos, Thomas e Mathias, franco-brasileiros. Somos uma encantadora mistura de portugueses, franceses e brasileiros.

Por volta dos meus 30 anos, eu me sentia perdida, foi então que comecei uma grande transformação na minha vida. Dei uma pausa na carreira para me dedicar à criação dos meus filhos e iniciei uma busca interna para descobrir como me expressaria profissionalmente neste mundo de um modo que fizesse profundo sentido para mim e que pudesse ajudar as pessoas a se desenvolverem.

Estava vivendo um momento muito desafiador e totalmente fora da zona de conforto. O que realmente me trouxe maior clareza, força e confiança nessa nova etapa foram as práticas meditativas (*Mindfulness* e *Insight Meditation*). Fui descobrindo o que realmente era importante para mim, e isso significava mudar de profissão. Apesar de estar na zona do medo, tudo foi fazendo sentido. Ensinar a meditar tornou-se minha missão de vida e propósito, e com isso pude fazer parte da transformação de milhares de vidas.

Nesse processo, aprendi que vivemos em um Novo Mundo cheio de estímulos, fazendo várias coisas ao mesmo tempo, sobrecarregados de informações, obrigações e preocupações, muitas vezes grudados às telas, ao celular, sem contato visual, com a "mente em um lugar e o corpo em outro". A falta de atenção, o estresse, a ansiedade, as dores físicas e emocionais são as respostas de nosso corpo a este Novo Mundo. É um alerta para a necessidade de encontrarmos novas formas de adaptação, pois o mundo continuará em ritmo acelerado.

Como reflexo desse ritmo, podemos notar essa agitação dentro de nós. Por exemplo, você já notou a mente agitada a ponto de não conseguir relaxar e dormir? Foi para algum lugar sem se lembrar do que realmente iria fazer? Experimentou alguma emoção ou tensão física, mas só teve consciência algum tempo depois? Tem dificuldade em permanecer focado no que está fazendo? Você se vê preocupado com o futuro ou passado, deixando de notar e viver plenamente o presente? Se você respondeu sim para alguma dessas perguntas, não se preocupe, faz parte da natureza humana. Em torno de 47% do tempo que estamos acordados não estamos atentos (Harvard, 2010 *apud* Escalante..., 2021). E para desenvolvermos essa habilidade de estarmos mais conscientes e presentes, diminuindo o percentual de ausência, precisamos de uma nova adaptação. Toda adaptação começa com um olhar para dentro de si, estudar a si mesmo, observar-se é uma arte importante e torna-se difícil quando sem dedicação.

Precisamos notar não somente o mundo externo, mas principalmente o mundo interno, onde vamos aprender a entender nós mesmos, para então aprender a entender as pessoas. Para você estar saudável e bem para a família, amigos e colegas de trabalho, você precisa primeiro cuidar de você. No avião orientam-nos a colocar a nossa máscara de oxigênio primeiro, para depois ajudar os outros. Na vida, essa mesma regra se aplica: cuide-se para estar bem e poder ajudar quem precisa!

Como você pode fazer isso? Um dos caminhos é praticando *Mindfulness*. A tradução da palavra *Mindfulness* é "atenção plena", ou "consciência plena". É estar intencionalmente atento e consciente ao momento presente sem julgamento. Não é meditação, mas um estado mental, contrário ao viver desatento ou no piloto automático. Você pode desenvolver essa habilidade de estar mais focado e atento ao momento presente através de técnicas atencionais, derivadas de algumas práticas meditativas que usam o próprio corpo, como a respiração e as sensações corporais, como âncora para o treinamento da **atenção**. Além da atenção, devemos cultivar uma **atitude** de gentileza, curiosidade e não julgamento às experiências que estamos vivenciando. É importante ter a **intenção** de sempre escolher estar presente, ao notar uma divagação ou distração, seja meditando ou por meio de tarefas no seu dia a dia, como tomar banho, escovar os dentes ou se alimentar.

Atenção + atitude + intenção = autopercepção.

Mindfulness não tem conotação religiosa, é laico, científico e acadêmico, mas vem de várias tradições milenares como o budismo. Existem vários estudos científicos sobre intervenções baseadas em *Mindfulness*, que comprovam sua eficiência em melhorar a qualidade de vida, proporcionar maior estabilidade emocional, reduzir pensamentos ruminativos, reduzir o estresse e ansiedade e ter maior resiliência.

No Oriente, a meditação é sinônimo de busca espiritual. Já no Ocidente, é mais utilizada para descrever práticas para a autorregulação das emoções e pensamentos. Essa autorregulação é possível com uma prática regular, podendo assim alterar as conexões neurais, tornando-se mais consciente do mecanismo da mente e mudando como você se relaciona com os pensamentos e emoções. Isso ajuda a nos tornarmos mais capazes de agir diante de situações desafiadoras e não reagir de forma automática ou impulsiva. A meditação é um processo para se familiarizar com você mesmo(a).

Por isso, convido você a ter um novo estilo de vida, saindo do modo "fazer", disperso e automático, e viver mais no modo "ser", incluindo momentos de pausa e silêncio, apenas para se observar. Aprenda a notar os pensamentos apenas como fenômenos da mente, escolhendo conscientemente quando quer se engajar no pensamento ou deixá-los ir e coloque a sua atenção em uma coisa de cada vez.

Visite o seu templo interno e acesse uma maior dimensão humana em você. Aprenda a estar em paz com suas experiências, sejam elas boas, ruins ou neutras. Aprecie a sua mente, as emoções e a vida de forma mais clara e profunda por meio da meditação. Esteja aberto à vida com toda a sua dor e alegria e aprecie a nossa humanidade sem apego ou rejeição.

Desperte e venha embarcar em uma jornada de autodescoberta, praticando *Mindfulness*.

Acessando o QR code , você encontrará três técnicas importantes (meditação guiada) para desenvolver a atenção plena, aprender a estar mais consciente e a transformar cada momento em uma oportunidade de crescimento. Invista em um momento do seu dia para simplesmente estar com você em uma prática formal de meditação (utilize os áudios). Observe tudo o que está presente, o seu corpo, a respiração, as emoções, os pensamentos e os sentimentos, com uma mente de principiante e sem julgamento.

As três técnicas são:

1. Pausa consciente: três passos *Mindfulness*

O poder transformador de reservar um tempo para si mesmo(a). Entre uma atividade e outra e em momentos desafiadores, conecte-se com seus sentidos e faça pequenas pausas de 1 a 3 minutos, nas quais podemos sair do piloto automático e tomar consciência da experiência presente, ver com mais clareza pensamentos, emoções, impulsos/comportamentos e sensações físicas, dando a oportunidade de criar assim um espaço entre estímulo e resposta. Pode ser feita várias vezes ao dia, de olhos abertos ou fechados, antes, durante ou depois de um evento. Confira o áudio pelo QR code.

2. Escaneamento corporal

O escaneamento corporal é um dos exercícios mais importantes de *Mindfulness* para desenvolver maior consciência corporal, reconhecer o estado mental, emocional e físico (tensão, tédio, sonolência, sensações agradáveis e desagradáveis). Desenvolve a habilidade de trazer a mente de volta ao momento presente através do corpo, sempre que notar a divagação, distração ou devaneio. Nessa prática, a âncora para manter a atenção e a consciência no momento presente são as sensações de cada parte do nosso corpo, que são exploradas de maneira detalhada, em uma atitude consciente e "não julgadora". Confira o áudio pelo QR code.

3. Atenção plena na respiração

Esta é uma das técnicas mais conhecidas e praticadas de *Mindfulness*. Ela utiliza como âncora a própria respiração e é baseada nas experiências e sensações de se "respirar sabendo que está respirando". A respiração também pode ser um termômetro do estado físico e emocional. Pode-se exercitar o estar plenamente presente por meio da respiração. Confira o áudio pelo QR code.

As práticas são do protocolo MBHP, do Programa de Mente Aberta Mindfulness Brasil. Após experenciar as práticas, vamos construir juntos um espaço de calma e conexão, desperte sua mente para a beleza do agora. Entre em contato comigo e será um prazer poder fazer parte de sua transformação e descobertas interiores.

Para finalizar, deixo valiosas dicas para incorporar *Mindfulness* no seu dia a dia. Em momentos desafiadores, conecte-se com seus sentidos, faça de 2 a 3 vezes uma pausa consciente. Esteja presente nas tarefas simples, como caminhar, comer e tomar banho. Em atividades prazerosas e de lazer, aproveite estando atento(a) e presente. Reserve um horário no seu dia e faça práticas regulares, 5 vezes na semana, de 5 a 10 minutos, aumentando gradativamente. Seja paciente e persistente, a prática pode levar tempo para se tornar um hábito, mas fará uma grande diferença para a sua qualidade de vida.

A beleza está na presença, abrace-a e transforme sua realidade!

Referência

ESCALANTE, Alison. Por que nossos cérebros passam 50% do tempo divagando. *Forbes*. Disponível em: https://forbes.com.br/forbessaude/2021/02/por-que-nossos-cerebros-passam-50-do-tempo-divagando/. Acesso em: 15 ago. 2024

"Esteja aberto(a) à vida com toda a sua dor e alegria e aprecie a nossa humanidade sem apego ou aversão."

Sonia Beira Antonio

SUELEM CRUZ

Nascida em Minas Gerais, a então executiva do Grupo Globo iniciou sua trajetória como jornaleira aos 12 anos, determinada a transformar sua realidade e se tornar uma profissional de sucesso. Foi a primeira da família a conquistar um diploma universitário.

A intensidade com que perseguia seus objetivos acabou afetando sua saúde. Nesse período, mergulhou nos "porquês" que a assolavam e iniciou sua jornada de autoconhecimento. Ao compreender-se como um sistema integrado, corpo e mente como uma unidade, descobriu formas mais sustentáveis de alcançar sucesso e alta performance.

Inspirada por suas próprias descobertas, hoje ela se dedica como mentora de desenvolvimento pessoal, guiando outros no caminho do sucesso com leveza e em sintonia com a essência individual.

suelemcruz

Suelem Cruz

31

TRANSFORMAÇÃO DIGITAL: O FATOR HUMANO

Por Suelem Cruz

A transformação digital e o fator humano

Em um episódio dos *Jetsons*, a icônica série animada dos anos 60, vislumbramos um futuro onde carros voadores e robôs domésticos eram parte do cotidiano. Já em *Blade Runner*, o futuro era mais sombrio, com a coexistência de humanos e replicantes questionando o que significa ser humano. *O Exterminador do Futuro* alerta-nos sobre os perigos de uma inteligência artificial fora de controle. Essas narrativas, embora fictícias, abordam questões profundamente humanas que estão no centro da transformação digital: como a tecnologia redefine nossas vidas e o que significa ser humano neste novo contexto.

Estamos vivendo uma era em que a tecnologia avança a passos largos, transformando radicalmente a forma como trabalhamos, nos comunicamos e vivemos. No entanto, por trás de cada algoritmo sofisticado e cada inovação disruptiva, existe um fator crucial e insubstituível: o fator humano. Neste capítulo, vamos explorar como a preparação para a transformação digital, algo inevitável e que nos acompanha desde o momento dos nossos nascimentos, vai além da mera adaptação tecnológica, focando o desenvolvimento do potencial humano.

Inteligência emocional e adaptabilidade: os pilares do sucesso

Nós, enquanto seres humanos, evoluímos muito, inclusive se comparado aos outros seres vivos. Temos tecnologias avançadas, já enviamos homem para a Lua, mas continuamos com o mesmo perfil emocional dos nossos ancestrais. Isso não evoluiu, então sim, isso é um desafio. Portanto, quem tem inteligência emocional e capacidade de adaptação ao novo, sai na frente.

A Inteligência Emocional ou Quociente Emocional (QE) é a capacidade de reconhecer e gerenciar nossas próprias emoções e as emoções dos outros. Em um ambiente em constante mudança, o QE permite que os indivíduos mantenham a calma sob pressão, resolvam conflitos eficazmente e construam relacionamentos sólidos.

O Quociente de Adaptabilidade (QA), por sua vez, é a capacidade de ajustar pensamentos e comportamentos em resposta a novas situações. Em um estudo conduzido pela consultoria PwC (2024), foi constatado que 39% dos CEOs consideram a falta de habilidades essenciais, como adaptabilidade, um grande obstáculo para o crescimento. Portanto, desenvolver a capacidade de adaptação é crucial para o sucesso na era digital.

Uma pesquisa[1] da Michael Page, consultoria líder em recrutamento e seleção de profissionais executivos, demonstrou que 91% dos profissionais são contratados por suas habilidades técnicas, mas depois demitidos por questões comportamentais. Isso destaca que o grande risco para os profissionais na era da transformação digital é, sem dúvida, a deficiência em habilidades comportamentais. Desenvolver essas habilidades é tão crucial quanto as competências técnicas para garantir a permanência e o sucesso no mercado de trabalho.

Podemos dizer que os conhecimentos técnicos (o famoso QI ou as *hard skills*) fazem você entrar no jogo, a Inteligência Emocional (QE) permite que você se mantenha no jogo e a capacidade de adaptação (QA) permite que você vença o campeonato.

Ambiente aberto à inovação e empatia

A transformação digital vem para potencializar as habilidades humanas, permitindo que nos concentremos em tarefas mais criativas e menos repetitivas, valorizando assim o processo de inovação. Para que a transformação digital seja bem-sucedida, é preciso criar um ambiente aberto à inovação, onde ideias são bem-vindas e a experimentação é encorajada. A empatia, capacidade de entender e compartilhar os sentimentos dos outros, desempenha um papel vital nesse processo. Um líder empático compreende as preocupações de sua equipe e cria um ambiente onde todos se sentem valorizados e ouvidos. Ao fazer um esforço consciente para entender as perspectivas e sentimentos de outras pessoas, é possível melhorar a qualidade das interações e conexões, com uma comunicação eficiente e contribuir para um ambiente mais harmonioso e colaborativo.

Na Pixar Animation Studios, uma das empresas mais criativas do mundo, dona de uma coleção de 12 estatuetas do Oscar e sobrevivente aos constantes avanços em tecnologia digital, o ambiente colaborativo e empático é um dos pilares do sucesso. A empresa incentiva seus funcionários a compartilhar ideias e *feedbacks*, promovendo um ambiente de constante inovação e melhoria (Catmull; Wallace, 2014).

1 Estudo citado em uma aula ("*Soft Skills* e Performance") ministrada por Ricardo Basaglia, CEO do PageGroup, o qual lidera as operações da Michael Page, Page Personnel, Page Executive, Page Outsourcing e Page Interim no Brasil. A aula está disponível na plataforma Hotmart, na mentoria de Inteligência Emocional de Carol Rache.

Para Catmull e Wallace (2014), há alguns princípios fundamentais, apresentados em seu livro *Criatividade S.A.*: a tecnologia jamais deve estar acima de uma boa história (essa capacidade, somente o ser humano tem); cercar-se de gente mais inteligente do que você torna o ambiente mais propenso à inovação (conexão e criatividade); e encontrar o lado positivo do fracasso é fundamental para garantir o próximo sucesso (empatia).

> *As coisas boas estavam ocultando as más. Quando fatores positivos convivem com os negativos, como costuma ocorrer nas empresas, as pessoas relutam em explorar aquilo que as está incomodando por medo de serem taxadas como negativas. Compreendi que esse tipo de coisa, quando não corrigida, poderia infectar e destruir a Pixar. Para mim, essa foi a descoberta providencial,* (Catmull; Wallace, 2014, p. 86)

O poder do *Growth Mindset* e do aprendizado contínuo

A mentalidade de crescimento é fundamental para a transformação digital. Indivíduos e organizações com *Growth Mindset* não veem as habilidades como estáticas, mas como desenvolvíveis através do esforço e aprendizado contínuo. Essa mentalidade é a base do "*life long learning*" (aprendizado ao longo da vida), um conceito crucial na era digital, em que novas tecnologias e metodologias surgem constantemente.

O exemplo de Satya Nadella na Microsoft é um testemunho de como o foco no fator humano pode transformar uma organização. Sob sua liderança, a Microsoft não só inovou tecnologicamente, mas também revitalizou sua cultura corporativa, promovendo um ambiente de aprendizado contínuo e crescimento pessoal. Ele acredita que a cultura de crescimento não é apenas sobre a capacidade de uma empresa de se adaptar às mudanças tecnológicas, mas também sobre a disposição de seus funcionários de aprender e evoluir. Essa mentalidade de crescimento contínuo é o que permite que uma organização seja resiliente diante dos desafios e ágil o suficiente para aproveitar as oportunidades que surgem[2].

2 Esse trecho baseia-se em leituras diversas, como os seguintes materiais: MICROSOFT'S next act. *McKinsey Quaterly*, [*S.l.*], 3 abr. 2018. Disponível em: https://www.mckinsey.com/industries/technology-media-and-telecommunications/our-insights/microsofts-next-act. Acesso em: 9 ago. 2024; CARDENAS, Bianca. Transformative Leadership: Unveiling Satya Nadella's Three Revolutionary Strategies at Microsoft. *Leadership Worth Following*, [*S.l.*], 30 jan. 2024. Disponível em: https://worthyleadership.com/transformative-leadership-unveiling-satya-nadellas-three-revolutionary-strategies-at-microsoft/. Acesso em: 9 ago. 2024; SATYA Nadella: Transforming Microsoft with Vision and Leadership. Startup Insider, [*S.l.*], 3 jul. 2023. Disponível em: https://www.startupinsider.in/satya-nadella-story/. Acesso em: 9 ago. 2024. Além disso, baseia-se também na palestra de Paula Bellizia, atualmente Membro do Conselho do Grupo Globo (Palestra sobre Cultura), na qual ela cita sua experiência na Microsoft, sob gestão de Nadella

Outro exemplo inspirador é o da IBM, que implementou programas de requalificação e treinamento para seus funcionários, preparando-os para as novas demandas do mercado digital. Esse compromisso com o desenvolvimento humano não só beneficiou os funcionários, mas também posicionou a IBM como uma líder em inovação (Shandwick, 2023).

Conforme Justina Nixon-Saintil, vice-presidente & Chief Impact Officer da IBM, "as habilidades de IA serão essenciais para a força de trabalho de amanhã" (Shandwick, 2023).

Adaptabilidade e protagonismo na era digital

A transformação digital não é apenas sobre tecnologia, é sobre pessoas. Mudanças tecnológicas não podem ser implementadas com sucesso sem considerar o impacto humano. Um exemplo notório é o caso da Blockbuster, que, ao não se adaptar rapidamente ao novo cenário digital e subestimar a mudança no comportamento dos consumidores, foi superada pela Netflix.

O mundo continua em evolução, precisamos nos manter atualizados. A transformação digital não está apenas mudando a maneira como trabalhamos, mas também como nos comunicamos, aprendemos e consumimos. Em um mundo onde a informação está ao alcance de um clique, o protagonismo torna-se uma habilidade essencial para adaptar-se à nova realidade. Ser protagonista significa assumir a responsabilidade pelo próprio desenvolvimento e estar disposto a buscar constantemente novas oportunidades de aprendizado e crescimento. O contexto de mundo sempre irá influenciar os resultados, portanto, se o contexto o desafia, o protagonista enxerga isso como oportunidade para lapidar novas habilidades.

O protagonismo está intimamente ligado à mentalidade de crescimento e ao aprendizado contínuo. Profissionais que adotam essa postura não esperam que as oportunidades venham até eles. Em vez disso, buscam ativamente novos conhecimentos e habilidades, adaptando-se rapidamente às mudanças e se posicionando como líderes em suas áreas.

Desenvolvimento do potencial humano

A transformação digital é inevitável e contínua, e o sucesso nessa jornada depende do olhar para o potencial humano. Ao humanizar o processo de transformação digital, aplicando empatia, colaboração, ética e desenvolvimento pessoal como pilares essenciais, alcançaremos uma transformação sustentável. Como líder em uma empresa de mídia *tech* e mentora de desenvolvimento pessoal, tenho visto o impacto positivo que um acompanhamento personalizado e humanizado pode ter na vida das pessoas, profissionais e sociedade.

A transformação digital é uma jornada de descoberta e crescimento, uma oportunidade para reinventar nossas maneiras de viver, nos relacionarmos, nos comunicarmos e interagirmos uns com os outros. Um mentor pode ajudar a identificar e desenvolver habilidades e motivadores individuais, oferecendo orientação para o processo de mudança e aprimoramento de habilidades e competências. Se você está buscando clareza e autoconsciência para navegar pela transformação digital, considere a importância de um mentor em sua jornada. Juntos, é possível explorar e maximizar suas potencialidades, eliminar interferências e se preparar para um futuro onde o fator humano será mais valioso do que nunca.

A transformação digital não é apenas uma revolução tecnológica, é uma jornada de crescimento e autodescoberta. Com o foco certo no processo de desenvolvimento, não apenas acompanhamos as mudanças, mas também prosperamos em um mundo cada vez mais digitalizado. O que vai acontecer já está acontecendo e, com autoconsciência e autenticidade, você pode transformar seu potencial em uma força poderosa para que a revolução digital seja transformadora, capacitando-o a construir um futuro mais conectado, humano e inclusivo.

Referências

CARDENAS, Bianca. Transformative Leadership: Unveiling Satya Nadella's Three Revolutionary Strategies at Microsoft. *Leadership Worth Following*, [*S.l.*], 30 jan. 2024. Disponível em: https://worthyleadership.com/transformative-leadership-unveiling-satya-nadellas-three-revolutionary-strategies-at-microsoft/. Acesso em: 9 ago. 2024.

CATMULL, Ed; WALLACE, Amy. *Criatividade S.A.*: superando as forças invisíveis que ficam no caminho da inspiração verdadeira. Rio de Janeiro: Alta Books, 2014. *E-book*.

MICROSOFT'S next act. *McKinsey Quaterly*, [*S.l.*], 3 abr. 2018. Disponível em: https://www.mckinsey.com/industries/technology-media-and-telecommunications/our-insights/microsofts-next-act. Acesso em: 9 ago. 2024.

PWC. *27ª CEO Survey 2024*: Prosperando na era da reinvenção contínua. 2024. Disponível em: https://www.pwc.com.br/pt/estudos/preocupacoes-ceos/ceo-survey/2024/27_CEO_SURVEY.pdf. Acesso em: 9 ago. 2024.

SATYA Nadella: Transforming Microsoft with Vision and Leadership. *Startup Insider*, [*S.l.*], 3 jul. 2023. Disponível em: https://www.startupinsider.in/satya-nadella-story/. Acesso em: 9 ago. 2024.

SHANDWICK, Weber. IBM se compromete a treinar 2 milhões de pessoas em Inteligência Artificial em três anos, com foco em comunidades sub-representadas. *IBM*, [*S.l.*], 19 set. 2023. Disponível em: https://www.ibm.com/blogs/ibm-comunica/ibm-se-comprometе-a-treinar-2-milhoes-de-pessoas-em-inteligencia-artificial-em-tres-anos-com-foco-em-comunidades-sub-representadas/. Acesso em: 9 ago. 2024.

"O futuro pertence aos que ousam criar o seu próprio caminho. O que vai acontecer já está acontecendo. Seja protagonista da sua história."

Suelem Cruz

YARA LANDUCCI

Sou Yara Landucci, nasci em Santos/SP e resido em Santana de Parnaíba//Alphaville/SP.Sou casada com Rodolpho, mãe de Caroline e Mayara e avó de Manoela e Valentina.

Graduada em Gestão de Negócios e especializada em Liderança Situacional, o que direcionou minha carreira para o desenvolvimento de pessoas em diversos projetos de liderança, performance e gestão de competências.

Apaixonada por histórias de superação, tenho participação ativa no empreendedorismo feminino. Atuo como mentora e palestrante, contribuindo para o desenvolvimento de negócios e ajudando mulheres a se tornarem protagonistas de suas histórias de sucesso.

Fundadora da **YL Consultoria**, inspirada por uma carreira de sucesso em empresas nacionais e multinacionais.

yaralanducci

+55 (11) 98558-7478

Yara Landucci

Yara Landucci

yalanducci@gmail.com

A PROFISSÃO DO **FUTURO**

32

FOCO NA MOTIVAÇÃO & INSPIRAÇÃO

Por Yara Landucci

Em uma era de inovação constante, escolher uma profissão tornou-se um desafio que exige mais do que habilidades técnicas; é necessário buscar inspiração e motivação para navegar em um mundo de transformações diárias.

Seja bem-vindo ao futuro das profissões. Seja bem-vindo ao tempo das possibilidades, em que a motivação e a inspiração são pilares do sucesso.

Quando chegou o momento de decidir qual caminho profissional deveria seguir, eu me deparei com as incertezas do futuro. Lembro que na época buscava algo que me fizesse feliz e foi por esse caminho que comecei minha jornada profissional, procurando sempre me motivar e me inspirar nas pessoas que já tinham percorrido o que eu queria fazer.

O processo é simples, mas não é fácil. Precisei sempre acreditar que era possível vencer barreiras, pressões e ser muito resiliente para as mudanças que enfrentei ao longo do caminho.

Considerando o contexto atual de mudanças rápidas e constantes, acredito que o sucesso na profissão do futuro vai além do conhecimento técnico e dos processos; ele também depende de qualidades humanas como a motivação e a inspiração.

Tenho total convicção que essas duas grandes forças são cruciais para o desenvolvimento profissional. A motivação é a força interna que nos impulsiona a agir, a superar obstáculos e a alcançar nossos objetivos. A inspiração, por sua vez, é a chama que acende nossa criatividade, nos permitindo inovar, pensar fora da caixa e vislumbrar novas possibilidades.

Minha vida sempre foi pautada em observar como líderes visionários utilizam essas qualidades para se destacar naquilo que fazem com sucesso. É por isso que destaco esses dois atributos, que considero essenciais para uma jornada profissional bem-sucedida, alinhada com as tendências e habilidades necessárias para prosperar. Espero que este capítulo motive você a se tornar um protagonista em sua carreira, preparado para enfrentar os desafios e abraçar as oportunidades que o futuro oferece.

Ao avaliar minha jornada, percebo claramente como o processo foi desafiador e gratificante ao mesmo tempo. Consegui quebrar padrões, corrigir rotas que não estavam funcionando e construir, tijolo por tijolo, uma carreira bem-sucedida.

Não tive medo, nem vergonha, de começar vendendo produtos de limpeza de porta em porta. Essa experiência permitiu-me enfrentar e conhecer os desafios do mundo das vendas. Foi errando e acertando que aprendi na prática o valor da resiliência e da motivação para melhorar a cada dia. Cada nova cliente me entusiasmava e me dava razão para ter uma meta diária, o que me permitia atingir a remuneração que estipulava para minhas vendas mensais.

A área comercial sempre foi minha paixão, pois conhecer pessoas aumentava meu conhecimento sobre como elas reagem quando se oferece algo para vender.

Foi quando recebi um convite inusitado na época: gerenciar pessoas. Aí a dúvida e o medo surgiram. Será que eu conseguiria? Mesmo com pouca experiência e conhecimento sobre a responsabilidade que me era apresentada, aceitei. Afinal, desafios são emocionantes.

Enfrentei diversas situações desafiadoras: rejeição, falta de estímulos criativos, insegurança, dúvidas sobre minha capacidade, pessoas me desencorajando e um conhecimento limitado de como lidar com pessoas. Era uma verdadeira montanha de obstáculos, e o medo começou a ganhar espaço na minha mente. Estava no meio de um furacão.

No ápice do desânimo e da fraqueza, precisei tomar uma decisão. Foi quando realmente parei e olhei para dentro de mim. Percebi que a decisão, a coragem e a vontade de vencer dependiam exclusivamente de mim. Não queria carregar aquela situação como uma perda, desistência ou fracasso.

E então veio a grande virada de chave: motivação. Eu precisava de um motivo para a ação, uma mola propulsora que me tirasse desse emaranhado de pensamentos negativos que bombardeavam minha mente. Já ouviram falar em antídoto? Eu precisava de algo que me tirasse da inércia e direcionasse minha mente para uma atitude positiva.

"Porque aquele que está em você é maior do que aquele que está no mundo" (1 João 4:4).

Chegou o momento de deixar de ser vítima e me tornar a protagonista da minha história. As ações para essa mudança foram simples, mas de fundamental importância. Comecei a me inspirar nas pessoas que faziam a mesma coisa que eu e observava suas atitudes, comportamentos e estratégias. Foi assim que minha motivação para fazer acontecer nasceu. E queria mais: queria poder contribuir com outras pessoas que pudessem estar passando pelo mesmo furacão que eu enfrentei.

A decisão de seguir em frente com meu sonho, buscando aprendizado, especialização em gestão de pessoas e liderança, criou uma extensa rede de relacionamentos profissionais que foram fatores decisivos para o meu crescimento pessoal e profissional. Sou imensamente grata às pessoas que acreditaram em mim e que não apenas me apoiaram, mas também me deram oportunidades para crescer no mundo dos negócios e, especialmente, na carreira que construí focada no desenvolvimento do capital humano.

A simples vendedora de produtos de limpeza transformou-se, especializou-se, acreditou na possibilidade de alcançar seus objetivos e construiu uma carreira que a levou da base ao cargo de presidente de marketing em uma empresa de cosméticos.

Lembre-se sempre: **jamais desista dos seus sonhos**. Acreditar em você é o primeiro gatilho para encontrar motivação. Você pode realizar aquilo que acredita e que está em seu coração. O segundo passo, igualmente importante, é buscar inspiração. Aproxime-se e conviva com pessoas que sabem mais que você e já alcançaram sucesso. Tenha humildade para aprender sempre, pois o futuro é agora — essa é a única certeza que temos.

É preciso coragem para dar o primeiro passo. Uma vez iniciada a jornada, a vontade de fazer dar certo brota e só precisa ser alimentada diariamente. Eu sei que há um caminho a ser percorrido e você pode estar se perguntando: Por onde começar?

Minha proposta com este capítulo é, além de compartilhar minha trajetória profissional, quero apresentar alguns pilares que podem inspirar e contribuir para manter a chama da motivação e inspiração acesa em você.

Motivação e inspiração são combustíveis poderosos que nos impulsionam a agir, crescer e realizar nossos sonhos. A jornada para manter-se motivado e inspirado pode ser cheia de altos e baixos, mas com as estratégias certas, você pode transformar cada obstáculo em uma oportunidade de crescimento.

Aqui, compartilho alguns desses pilares que considero importantes.

Escondida atrás da sua fraqueza está sua grande força

Quando eu vendia produtos, tinha em mente que o "não" de hoje é o "sim" de amanhã. Fazia até uma brincadeira comigo mesma: após 100 "nãos", virá o sim. Comecei a contar de trás para frente, dizendo: "agora só faltam 99, agora só faltam 98", e assim por diante. Logicamente, um "sim" chegava muito antes do que eu esperava.

Propósito claro

É essencial para se manter motivado. Quando você sabe o "porquê" por trás de suas ações, fica mais fácil perseverar. Revisite seu propósito regularmente para manter-se focado.

Conhecimento deve estar sempre no seu radar

A velocidade das informações requer aprendizado contínuo. Filtre o que realmente faz sentido para você. Estar em uma mentoria ou imersão não garante resultados. Todo método de capacitação deve ter um propósito alinhado aos seus ideais.

Avance além dos seus limites

Lembre-se de que quem define a direção é você. Limites são apenas crenças que nos impedem de avançar. Superá-los requer conhecê-los e estar disposto a substituí-los por pensamentos positivos e sentimentos que valorizem seu próprio ser.

Confie nas suas estratégias

Confiança, essa é a palavra. Tenha clareza sobre aonde deseja chegar. Avalie suas reais necessidades e veja se elas fazem sentido para você. Concentre-se em clareza, adaptabilidade e compromisso com o crescimento contínuo, focando na capacidade de se adaptar às mudanças. Se você acredita, persista e avance.

O pilar mais importante: "acredite em você"

Reconheça suas qualidades, identifique e valorize suas habilidades e conquistas. Aprenda com os erros, vendo-os como oportunidades de crescimento. Cultive uma mentalidade positiva para que seu caminho seja leve e feliz.

Lembre-se: a jornada é tão importante quanto o destino. **Vencer todos os dias com perseverança, amor e respeito pelas pessoas transforma cada passo da sua jornada em um exemplo inspirador para todos ao seu redor.**

Se minha trajetória profissional e as estratégias que me permitiram superar desafios e manter o foco no futuro inspiraram você, **agora é a sua vez**! Acredite que você pode fazer a diferença e mostrar às pessoas que, com propósito, determinação, garra e estratégias bem definidas, é possível alcançar o sucesso e vencer.

Se ainda assim você sentir receio em dar o próximo passo, permita-me segurar sua mão e guiá-lo nesse processo, ajudando-o a descobrir sua própria motivação e inspiração para atingir seus objetivos.

Meus perfis nas redes sociais estão disponíveis neste capítulo para contribuir e agregar valor ao seu propósito de vida. Desejo muito sucesso em sua jornada!

“Viver é fazer dar certo.”

Yara Landucci

EDITORA
CHAVE MESTRA®

Instagram: @editorachavemestra

E-mail: editora@editorachavemestra.com.br

Site: www.editorachavemestra.com.br